Die hohe Kunst des Alterns
Kleine Philosophie des guten Lebens

© Verlag C.H.Beck oHG, München 2018

优雅变老的艺术
美好生活的小哲学

Otfried Höffe

[德] 奥特弗里德·赫费 著

靳慧明 译

社会科学文献出版社

献给埃弗兰，50年来，
在生活艺术上她一直是我的榜样

前　言 / *001*

第一章　理论初览 / *001*
又开始讨论这个话题了 / *001*
与"经济优先"抗衡 / *003*
三种老年哲学学说 / *007*
亚里士－欧－克拉底（Arist-o-crates）：哲学与医学的合作 / *010*
呼唤医学伦理 / *014*
纲要 / *017*

第二章　与老年人的负面形象抗衡 / *020*
形象而不是刻板印象 / *020*
两个极端：赞美晚年 vs 贬损晚年 / *022*
早期历史 / *025*
希腊医学 / *034*
从弗朗西斯·培根到帕布罗·卡萨尔斯 / *035*
其他文化一瞥 / *039*

第三章 "老龄化社会"还是"赢得的时光"？ / 044

不断提高的预期寿命 / 046

按日历划分人生阶段值得推敲 / 052

持久的活力 / 054

有益于老年人的学说 / 058

第四章 社会政治的任务 / 060

社会伦理指导原则 / 060

改变职业领域 / 061

新的教育领域 / 066

适合老年人的生活空间 / 067

第五章 老年艺术的典范 / 070

西塞罗：早期老年研究 / 070

插曲：莎士比亚、歌德和黑格尔 / 074

阿图尔·叔本华：灰暗中的喜悦 / 077

雅各布·格林：变老的快乐 / 081

恩斯特·布洛赫：收获的季节 / 084

本真：即使到了晚年也要"做自己" / 086

第六章 有尊严地、愉快地变老 / 090

变老是要学习的 / 090

生活智者的建议："四个 L" / 093

社会伦理要求 / 098

老年伦理的黄金法则 / **104**

其他老年学原则 / **107**

学习过程的模式 / **108**

第七章　高龄老人：老年医学中的老年艺术 / **115**

自尊、自主、开创性地变老 / **115**

多方面的帮助 / **119**

老年不是一种疾病，老年医学是生活的学问 / **120**

经济 vs 伦理 / **123**

培训和研究 / **125**

患者护理 / **128**

痴呆症后记 / **132**

第八章　谈及死亡（一）：规划生命尽头？ / **137**

无须回避死亡 / **137**

以波爱修斯的《哲学的慰藉》为例 / **140**

系统性思考 / **142**

七个策略 / **145**

死亡的基本模式 / **149**

两个最后的说明 / **156**

第九章　谈及死亡（二）：恳求一种告别文化 / **159**

社会任务 / **159**

四个层面 / *162*

　　医学及其他 / *165*

　　宗教一瞥 / *167*

　　老年自杀：医生允许帮助吗，应该帮助吗？ / *170*

　　允许死亡 / *177*

第十章　生活和老年艺术的民主层面 / *181*

参考文献 / *187*

人物索引 / *193*

前　言

很长一段时间以来，在公共领域中，老年及变老这个话题几乎得不到关注。从前，人口结构变化一直被回避，而近一段时间以来，在人口结构变化的不断推动下，情势发生了改变。我们不得不说，专业书籍及论文、报刊散文及文学作品再次面对这样的使命，即思考几代人之间的关系，思考个人、社会及政治可能的际遇、风险和冲突。但哲学界依然沉默。在哲学界大量参考文献中，"年龄"（德语为 Alter，英语为 age）这个关键词一次都不曾出现。

哲学家固然没有特殊的知识，他们只不过运用了所有人都有的理智和所有人都可以获得的经验。但他们却为理智与经验带来了方法上的训练。此外，他们还可以从丰富的传统中汲取概念、观点及问题意识。从前，特别是古希腊与古罗马时期，老年及变老是一个令人尊敬的话题。很长时间以来占主导地位的哲学语言是拉丁语，在拉丁语中，"De senectute"（关于老年）①是哲学经典话题或接近哲学的思考。人衰老了，还要疲于应付生命中的这个阶段，甚至要与这一阶段抗争，抗争过程中遇到的困难并不少。尽管这一现实一直以来都存在，但后来哲学对这一话题却避而不谈了。

哲学对此漠不关心的原因之一，是看问题角度的突然改变：在哲学领域中，"老年哲学"作为生活艺术曾占据主导地位。但义务伦理学（Pflichtenethik，也称为 deontologische Ethik）先是占据了"老年哲学"在哲学领域中的地位，后来又完全将之排挤出去。此外，又出现一个瓶颈，即概念澄清及理论方面的讨论。因此，在生活经验上，也在相关的经验科学上，人们

---

① 西塞罗的《论老年》即以此为题。（如无特别说明，本书脚注均为译者注。）

不敢给老年哲学以必要的关注。我想通过此书为老年哲学争取更广泛的研究范围。当然，这种尝试也吸收专业的老年学说。本书会就此拓展一些此前鲜被论及的观点和方法，或对已有观点作出不同评价。

15年前，我整合最初的一些想法发表了《老年伦理学：新学科的12个组成部分》（*Gerontologische Ethik. Zwölf Bausteine für eine neue Disziplin*）一文。我在一个跨学科的"德国老龄化"学术小组工作中积累了丰富的经验。过去几年中，我被邀请在各种不同的场合进行演讲并发表自己的观点，之后便萌生了这种愿望，即将各种思考客观地联系起来，并在必要时进行系统性或方法上的完善。

我的主要问题是：在生活艺术范围内，究竟是否存在一种老年的和变老的艺术？如果有这种艺术，那么问题继续：个人和社会两方面是否理所当然可以相互影响、相互作用呢？这种老年和变老的艺术难道不是包括所有生命，包括人的生命的终结，也就是死亡过程和死亡本身吗？是否存在，或是否至少需要一种死亡艺术或死亡文化作为补充，在必要时我们也应该着手研究其在义务伦理学上的相关问题呢？

如果我们坦诚地活过，那么所有人都有许多关于老年和变老的体验，所以没有人会相信我在这里能说出什么全新的东西。这项研究并不寻求新的发现，更多的是开展一次特殊的探索之旅，这次探索之旅将尽可能地顾及更多的方面，当然也会随时强调我自己的观点。

请允许我再一次向优秀的同事们道谢，这一次，特别感谢莫里茨·希尔特（Moritz Hildt）博士富有智慧的评论，感谢彼得·柯尼希斯（Peter Königs）帮助我整理参考文献、人物索引并进行校对。

奥特弗里德·赫费（Otfried Höffe）
2017年秋写于图宾根

第一章　理论初览

又开始讨论这个话题了

每种生物都会衰老，最后走向死亡。尽管人类在自然中有着特殊的地位，但就死亡来说，人类也不能例外。人类了解衰老，我们在青少年时，就在父母、祖父母、老师身上体会到衰老，后来自己也经历衰老，这也就是为什么我们或迟或早会思索这一问题。

因此，衰老和老年对于人类来说，是生物学现象，痛并经历着，时而加速，时而又放缓，并且无论如何都至关重要。这一话题涉及职业和劳动领域，并且影响着卫生领域，所以它也涉及经济、政治，以及医学、药学和医疗技术等方面。老年人的起居要与自己的年龄相适宜，希望无障碍地进入住处，所以这个话题又有建筑学的一面。最后，因为这一话题还影响着人类的社会关系，所以又有社会学的一面。

所有这些方面都需要一门关乎老年与变老的复杂而精妙的艺术，随之而来的也有与之相关的理论。这里的"艺术"并不意味着艺术行为，而是一种能力，一种技能，这种能力和技能包括知识、诀窍，并且不排除法律和道德上的义务。和其他地方一样，在这里，哲学并不需要特别的能力。因为每个公民都可以获得它，哲学就其本质来说是民主行为，这一行为利用了全人类共有的理智，又运用了所有人都可以获得的经验。当然，除了能够提供方法，哲学也带来了知识，其中包括概念、观点及有丰富传统的问题意识。针对老年的思考传统从柏拉图和亚里士多德延续到斯多葛、西塞罗，到以培根和叔本华等人为代表的欧洲的道德主义，再到现代作家恩斯特·布洛赫（Ernst Bloch）。

当然，只参考哲学上的证据是不够的。同样重要的是医学史文献，以及宗教和世俗人生智慧的建议。最后我们还不能忘了视觉艺术和伟大的文学。总之，相关传统非常广泛。

与"经济优先"抗衡

今天，错综复杂的情势威胁着我们，为对抗它，关于老年的哲学思考重新被提起：社会和政治都在思考，我们怎样尽可能有效地让老年人融入职业和社会生活，以及随后融入养老院或疗养院的生活。针对职业领域、卫生健康领域，还有养老保险等领域，社会和政治常常明确地进行成本效益分析，这种情况并不少见，而且往往已被默许。通过这种方式，我们只能在实用层面来探讨这一话题，特别是经常在极简经济理念中进行探讨：怎样才能使人尽可能长时间地工作？还有：如何将后期护理的成本降至最低？

对经济思考越来越关注的同时，人们开始反对这种系统性的简化，这种经济思考甚至可等同于以下四个层面的经济化。

首先，学经济的毕业生们现已遍布各个活动领域，这些领域到目前为止都是由法学家或相关专家所领导的。而在养老院和医院的领导层中，商务负责人的角色正变得越来越重要。

其次，经济语言的力量逐渐壮大，这种语言完全排除感情色彩。经济语言中蹩脚的德语用法暴露了其源自英语国家的管理语言这一事实。"高效计划（Effizienzpakt）"这个词就是用来粉饰"终止成本投入（Kostenstopp）"的，而"裁减冗员（redundant machen）"就是"解雇（kündigen）"的代名词。养老院和医院被视为企业，这种企业不再跟老人和患者有关，而是与顾客相关。员工不再是（不可缺少的）工作人员，而是一种应被尽可能节省的成本因素。

另外，极端地说，比"中了经济的毒"的语言更严重的是企业管理精神的根本性增强。这种精神始于对复杂任务的分解，接下来是强制节省计划开支，"收回更多的钱"，"提高床位的收益率"，但到此还没有结束。最为讽刺的是，这种思维方式体现在"合乎社会利益的早死（sozialverträgliches Frühableben）"①的说法里。结果是可以预见的：无处不在的节约压力恶化了老年医学、老年病学和养老院中特别重要的东西——对个人的关怀。

还有，把像照顾需要护理的人这样精细敏感的任务广而告之，仿佛它与修建马路或办公楼的作业别无二致。

上面提及的现象绝没有说经济问题是无关紧要的。在俄国作家尼古莱·瓦西里耶维奇·果戈理（Nikolai Wassiljewitsch Gogol）的中篇杰作《鼻子》（Die Nase）中，医生表达了愤慨，他说自己并没有经济利益。的确，医生和护理活动的实质——帮助与治愈——与受制于金钱的经济没什么关系。尽管如此，只有从祖上继承了一大笔遗产的人，或幸运地中了彩票的人，才配有果戈理所说的愤慨。普通医生和养老院领导还得谋生。从长远看，不管是医

---

① 自1991年开始，德国一个中立的评委会每年会选出最具诋毁与挖苦性的年度"恶词"，"合乎社会利益的早死"即被评选为德国1998年度恶词。该词为德国医师工会主席卡斯滕·威尔玛（Karsten Vilmar）在接受访问时，针对当时政府在保健政策上的节约计划所作的批评。

院的老年病科还是养老机构,都是不允许有赤字的。

最后,医疗保健的总成本不能随意提高,否则永远不能避免财政和人力资源的不足。由于存在人类的"短缺法则"(所有经济体的基础,即地球资源,是有限的,而人类的贪欲却是无止境的),对老年问题的哲学思辨已经被认为是不可或缺的了,因此,即使是在公共卫生体系相对慷慨的地方,如西欧、北欧,也仍然有很多目标亟待实现。

患者都期待立即得到帮助,现实生活中却必须等待:等待会诊时间,等待急诊医生,等待器官捐献,或等待手术日期。好不容易该轮到一个患者,下一个又在向前挤:医生和护理人员对患者的关照时间通常要比患者——尤其是那些上了年纪的患者所期待的短。

经济问题的重要性并不能成为"经济优先"的理由。反对笼统的经济化,需要一种与之对抗的力量,同样,反对有利可图的文化,也需要一种与之对抗的文化,这种文化不应该承认经济思维的优先权。

三种老年哲学学说

我们的社会赋予其成员以权利，在人生的各个阶段发展自己，并由此寻求成功、幸福的生活，这当然也包括老年阶段。在这个思想框架下，我们的社会还为其成员的基本权利和人权，本质上也就是为人类尊严负责，必要时也是具有强制性的。如果我们关心一切，而不仅仅将注意力局限在眼前的工作上，那么我们就不必放弃对实用层面的关注——从根本上来讲，所有这些关注可以被称为"实用老年学说"。但老年人并不懂得"实用老年学说"，所以我们面对老年人时，一定不能绝对化。如果我们站在老年人的角度，就会发现哲学上的规范性问题（normative Fragen），因而老年哲学学说首先应该属于伦理层面。

就伦理来说，哲学在其丰富的历史中发展出四种基本模式：幸福生活的伦理，道德要求的伦理，"集体福祉"的伦理，还有道德批评。每个模式都有一个突出的典范：第一个模式，幸福说（希腊语为 Eudaimonia），以亚里士多德的《尼各马可伦理学》(*Nikomachischen Ethik*)为典范；第二个模式，义务伦理（Pflichtenethik，通常也称为 Deontologie），也即"得体与应分的学说（Lehre des Schicklichen und Gesollten）"，有伊曼努尔·康德的《道德形而上学原理》(*Grundlegung zur Metaphysik der Sitten*)为例；第三个模式中，最大化共同幸福的伦理（集体福祉），也就是"最大多数人的最大幸福"，即功利主义，数约翰·斯图亚特·穆勒（John Stuart Mill）的同名作品《功利主义》(*Utilitarismus*)具有最大影响力；第四个模式中，道德批评最杰出的代表是弗里德里希·尼采的伦理学"论战"著作《论道德的谱系》(*Zur Genealogie der Moral*)。

老年和变老的伦理，也称为老年伦理学，可以回溯到所有四个模式。人们对第三种模式，即功利主义，虽然也产生了许多根本性的疑虑，因为最大共同幸福的原则与个体内在观点及其不可剥夺的权利相悖——不过这就像质疑疫苗接种义务的重要性一样——更重要的却是另外三个模式。

老年幸福伦理研究人怎样以一种快乐、成功的良好方式变老，这个领域在历史上有着杰出的理论典范。古典哲学，尤其是古希腊、古罗马哲学中很大一部分都可以被理解为生活艺术。这并不意味着那种精致的利己主义能力，即从各种情况中为自身牟取利益，而是指在公平、公正的背景下作充分的准备，寻求自己幸福的能力。这些思考拓展了经济和其他层面的实用性老年学说，用一个问题增加了其哲学的，尤其是有关老年幸福的思辨：在生活的艺术里，是否有一种由个体发展起来并最终用于实践的艺术，可以帮助人们应对老年，甚至应对不可避免的死亡？

第二种哲学模式，即义务伦理上的老年伦理，主要是研究其他人应该如何对待老年人，以及有益于老年人的社会和政治应该是怎样的。

老年幸福说属于比较私人的层面，而义务伦理说首先属于社会伦理，却又不仅仅属于这一层面；老年幸福说会给出一些个人幸福的建议，而义务伦理说则会列出针对他人的规则和禁忌。还有一种老年哲学学说，道德批评，说到底是对老年人的主流负面形象进行批评。

对于这三种不再是功能层面的学说,生活经验都起到重要作用。因此,作为一种生活艺术的老年艺术既不需要哲学家,也不需要社会学家,更不需要什么领袖、灵性上的导师或禅师,即使这些职业、这些人对我们没有什么害处。但凡专业一点儿,就可以从哲学文本中,从不同文化、不同时代的生活智慧的见证中,还可以从文学及视觉艺术的贡献中汲取建议。为拓展经验并在必要时对其进行纠正,我们也可以聚焦专业的老年研究,它的参与者——心理学家及社会学家,还有医学家、医疗技术人员和护理方面的专业人员——以惊人的博学多识获取了大量的材料,拓展了观察角度。

亚里士-欧-克拉底(Arist-o-crates):哲学与医学的合作

医学在必要的经验方面起了非常重要的作用。它有特别悠久的传统,在还没有出现相应概念的时候,老年医学和老年病学等实际上就已经出现了。

如果对相关合作的可能性进行深入研究，我们就可以将哲学和医学这两个方面置于同一主题下，二者等级及地位都相同：亚里士-欧-克拉底。这个神秘的标题反对另外的两种模式，即一方面向另外一方面学习的模式。我将"亚里士-欧-克拉底"称为无等级差别的合作，哲学和医学二者都给予对方必要的尊重。

这一标题的第一部分"亚里士"指的是亚里士多德，指代的是从古希腊、古罗马到查尔斯·达尔文的"所有智者中的大师"，他们因其真正的百科全书般广泛的学术研究而为人所景仰和赞赏。标题的第二部分"克拉底"指的并不是苏格拉底及其他哲学家，而是医学的创始人——古希腊杰出的医生希波克拉底［Hippokrates，标题 Arist-o-crates 使用了"Hippocrates"的拼法，这样"Aristocratikern"就不会让人想到"Aristokraten"（贵族）这个词了］。突出强调的"欧"代表了这两个典范之间的联系，因为二者都有个"o"。

我们寻求的这种相互作用的模式之下还有各种不同的子模型或子模式。第一种模式是身兼多职，即具备医学和哲学的双重天赋，这种模式居然奇迹般地存在。在我们文化的早期就有才华横溢的医生，他们同时又是推理哲学家，克罗顿（Kroton）的阿尔克迈翁（Alkmaion）就是当中的典范。另一个典范是与阿尔克迈翁同时代的人，医生和哲学家恩培多克勒（Empedokles），他提出了四种原始物质的学说（四根说）——火、气、土、水。

这时人们可能会提出异议，说那时科学家还不像今天这样术业有专攻，所以在古代可能的事，以后就变得不可能了。事实是，几个世纪之后，还有一身兼多职的杰出典范。有六个这样的人曾经被提到，其实这样的人并不少见。前三个人来自中世纪的伊斯兰文明。虽然在基督教的西方，哲学只接受跟神学集结于一人身上，但在伊斯兰世界中，哲学与医学的结合几乎是常规。

波斯哲学家和老练世故的政治家伊本·西那（Ibn Sina），拉丁语名字为 Avicenna，也是个医生。他著于1027年的多卷本代表作为《治疗论：精神错乱的治愈》（*Kitabasch-Schifa:*

Buch der Heilung der Seele vom Irrtum）。第二个人，鲁滨孙故事的创作者，为丹尼尔·笛福（Daniel Defoe）小说《鲁滨孙漂流记》提供了蓝本的伊本·图菲利（Abu Bakr Ibn Tufail）生活在12世纪，是哈里发阿布·亚库布·优素福（Kalifen Abu Yaqub Yusuf）的贴身御医。第三个人，伊本·图菲利的继承者伊本·鲁世德（Ibn Ruschd）也是御医，是在西方闻名的伊斯兰哲学家（拉丁语名称为Averroës）。

13世纪，在基督教的西方才出现了第一个重要的哲学医学家，帕多瓦（Padua）的马西利乌斯（Marsilius），一位著名的政治哲学家，在巴黎和慕尼黑宫廷有过成功的行医经历。接下来这个人是施瓦本的德奥弗拉斯特·博姆巴斯茨·冯·霍恩海姆（Theophrastus Bombastus von Hohenheim），曾在巴塞尔市做医生，以"帕拉塞尔苏斯（Paracelsus）"之名①——拉丁化的冯·霍恩海姆——著称于世。将近150年

---

① Para意为超越，冯·霍恩海姆自认比古罗马医学家、百科全书作者塞尔苏斯（Aulus Cornelius Celsus，或译作凯尔苏斯）更伟大，所以自称为帕拉塞尔苏斯。

后，尽管分工更专业化，却又出现了另外一个英国哲学家及自由主义的先驱：约翰·洛克（John Locke）。他是个非常杰出的医生，1686年，他通过切除肝脏囊肿，救了政治家安东尼·阿什利·库柏伯爵（Lord Anthony Ashley Cooper）的命。

呼唤医学伦理

上文标题中的亚里士多德尽管本人并不是医生，而是古代马其顿御医尼各马可（Nikomacho）的儿子，但他提供了哲学和医学相互尊重的最好典范：他说，一位自然哲学家必须注意健康和疾病的基础知识（也可以说原理），因此，许多自然哲学家最终被引向医学问题和老年问题。这必然导致了第二种模式，即从身兼多职到专业合作。

不可或缺的经验远不能成为平等合作的理由。尤其是人们想知道，医学，包括老年病学，为什么需要哲学，为什么仅有医德对于医生来说还不够。医德与三个著名的原则联系在一起，这三个原则并非只适用于医学道德，而是适用于任何职业道德。

无论是工匠、律师、护理员还是医生,他们都关心自己客户或患者的"福祉(Salus)":salus personae suprema lex(个人幸福至上)。与此相关的最低要求,也就是第二个原则,禁止伤害或确保伤害最小化:nil nocere(意为"先做到不伤害")。最后,客户或患者必须允许被叫来的服务者提供帮助。前两个原则也是大家所熟知的希波克拉底誓言,这里又延伸到日益重要的自主权(Selbstbestimmung),也就是说并没有给老年人的医生及护理人员添加特殊的义务。他们只是在代言自己的职业道德,但实际上每种职业都是如此。

对于医学而言,如老年病学,所有好医生或好的护理人员的习惯、规矩及品质,都属于其职业道德。其中并不包括诊断及治疗的全知全能,但包括不断深造、进修的义务。医生不必像帕拉塞尔苏斯所说的那样,为了能治愈患者而爱患者。但理解和同理心是不可或缺的,还有乐于交谈和耐心,以及倾听和鼓励,还要有一种意愿,即不把人类精神问题简单"生理化"。用精神治疗药物可以很好地治疗抑郁症，但恐惧和绝望不应该只是贴上抑郁症的标签来进行处置。最后，尽管医生这一职业现在已高度技术化，但是医生却不允许被降格为设备管理员。

经验丰富的医生现在都追求这样的职业道德，这对护理人员和养老院领导也适用。哲学家、理论家虽然可以通过基本原则来论证职业原则是正确的，但只有专业人员才负责具体的应用。一些违反职业道德的行为会受到行业协会的处罚，情节严重的，则受到司法部门的制裁。只有在传统道德依然有效，却不能为新出现的问题提供足够的引导力量时，才需要道德哲学。

这种试探性的说法有别于唯道德主义，从唯道德主义角度看，在我们所谓的自私自利的社会中，道德意愿在消失。这种说法也并不是怀疑主义，怀疑主义认为，多元社会不具备建立并贯彻普遍具有约束力的道德准则的能力。事实上，不足的并不是道德，而是传统职业道德，当然，这种不足可能仅仅是在一个狭小的领域中。恰恰因为这种不足,而且恰恰在这些相关问题中,医学,包括老年病学,特别需要与哲学伦理的合作。

延长及终止人类生命的新的可能性向我们提出了前所未有的决策难题。我们既不允许打着患者自主权的旗号,要求无限支配人的生命,也不允许以不可侵犯的人权的名义,全然摒弃新的机会。因此,我们不能简单地说老年病学和护理人员理所当然的指导目标,以及患者的福祉和患者意愿要求我们做什么。

我们常说,"能做的事,不是所有的都允许做",这话虽然没错,但正因为显然没有争议,所以"离题"了。有争议的问题是如何更确切地界定道德义务,并将之应用到新的问题领域中。然而现实中,哲学负责道德,而医学负责新的问题领域,这就挑战了亚里士多德与希波克拉底相结合,也就是标题中"亚里士-欧-克拉底"的理念。

纲要

对老年问题的哲学之思与时俱进,它关

切入类的精神层面。因此，变老的艺术就是在人们头脑中构建形象，其中包括老年人的自我形象，以及周围人心目中的老年人形象（第二章）。我们先要对老年人进行有益的自我评估和外在评估，然后对年龄和老年进行总体评估，且要尊重事实：尽管老年人越来越多，但我们生活在"老龄化社会"中的说法真的属实吗？我们生活在"老龄化社会"，还是说我们的人生增加了"赢得的时光"（第三章）？无论如何，社会政治都面临着无数新的任务（第四章）。

老年的艺术的社会层面后紧跟着个人层面，这一层面形成重要的"老年艺术的典范"（第五章），并对有尊严地、快乐地老去进行系统思考（第六章）。专门研究老龄化的医学、老年病学在很大程度上受到经济问题剧增的普遍威胁（第七章）。

尽管人们更愿意回避这个问题，但原则上人是知道自己不会永远活着的。到了晚年，这个问题就不能再回避了：一个人究竟是否应该，是否能够规划生命的尽头（第八章）？死亡终将到来，所以理智的老年艺术不可回避的一个挑战就是与生命尽头博弈（第九章）。虽然死亡艺术（ars moriendi）不能回避，但老年艺术并不应以死亡艺术为结束。更美好也更充满希望的是，回首往事并深刻认识到，许多之前岁月中非常重要的事情，如追求幸福、权力、名望，在老年时期，在一个幸福的晚年面前大大失去了意义。正是由于这个原因，包含老年艺术的生活艺术才获得了民主价值（第十章）。

第二章 与老年人的负面形象抗衡

顶级运动员越来越深刻地认识到,他们的训练是从脑力开始的。自身的生活态度不仅重要,而且对成功有决定性的意义。从这个意义来说,无论是个人层面,还是社会及政治层面上的老年艺术,都始于对年龄的适度评价,而这一评价又反过来深刻影响主流的老年人形象。

形象而不是刻板印象

主流的老年学说存在将其对象标准化的危险。相关的学者,例如医学家、自然科学家和以自然科学为导向的社会学家,喜欢谈到的"人"是一种脱离时代与文化的生物,尽管事实上他们首先关注的是今天富裕的工业国家中的人。而"老年形象"却是双重的，即在方法层面和话语层面是对立的（Ehmer/Höffe 2009）。这两个对立层面并不是要取缔主流的探讨，而是对其进行补充，在方法层面上进行有关意识及社会历史的思考，并在话语层面上论述社会上关于老年和变老的主流想象，其中有些是有意识的，有些是无意识的。

另外，这种补充性的思考建议我们使用"形象（Bilder）"这一表述。与"陈词滥调（Klischee）"，即陈旧的习惯用语或空洞无物的话语相反，也不同于社会科学家喜欢使用的表示成见的"刻板印象（Stereotype）"，使用"形象"这一表述有助于避免"草率的想法"和"偏见"。因此，这一表述听起来非常中性。此外，这一表述还展示了一种可变性，而Stereotype这个词因其前半部分"stereôs"表现了一种僵化和一成不变。

根据载体的不同，形象可分为两种：老年人的自我形象和别人眼中的形象。别人眼中的形象其实又反作用于自我形象：年轻人如何评价老年人，只有在老人高度自信的情况下，才不会影响老年人的自我评价，反之则完全不同。老年人的自我形象只在很小程度上影响年轻人眼中的老人形象。

主流形象所展现的个人和社会的精神面貌、态度及立场对老年人的生活状况，也对包含其在内的社会结构产生深远的影响。如果想要对这些施加影响，就不能忽视老年人形象。

这些形象根植于社会文化遗产中，而且有个预设，这个预设形象既不容易改变，也不会很快改变。虽然如此，预设本身却在过去发生了转变，未来也并不是一成不变的，而是处于一个变化过程中，我们可以，必要时也应该对这一过程施加影响。我们判断近期的人口变化是带来了"老龄化社会"还是带来了"赢得的时光"，并非无关紧要。因为对于人这种能说能想的生物而言，优雅变老的艺术是从日常说话方式中学到的。

两个极端：赞美晚年 vs 贬损晚年

要形成客观判断，就要搞清楚过去和现在，

如此才能更敏锐地感受到老年人形象的多样性及其可变性。在全球化时代，我们也不能只局限于自身文化。

既立足于自身的过去，又立足于外来文化，这种双重视角赋予当前时代一个更清晰鲜明的特征。同时，它既防止我们作出过高的正面的自我评价，例如认为这个世界没有比此时、此地更好的了，又避免了过于负面的评价，如最流行的对道德沦丧的谴责。最后的，但也是很重要的一点是可变性，过去是变化的，其他文化也是变化的，同样，我们自己的未来也是变化的：未来会不同于现在。

有三个变量引起我们的注意。这些形象首先与各自文化相关，其次与所处的时代或时期相关，最后，是与主题相关的，也就是个人或社会层面，进而是情感、性格、医学层面，还有社会、法律和政治层面。

有一点是共通的。无论是历史层面，还是其他文化层面，尽管有不同的侧重，但老年人形象通常都两极分化，既有正面的，又有负面的。社会科学家说：老年人形象是二元的，其中自我评价和他人的评价有很大差别。就负面来说，人们会哀叹晚年，比如虚弱、疾病或孤独——这是一种自我形象；或贬损老年人——这是他人眼中的形象。就积极方面来说，我们可以看到老年人的某些优越性——自我形象；或给老年人以赞美——他人眼中的形象。尽管如此，这两种基本形象却交替出现，一会儿是悲叹和幽怨，一会儿又是安慰和赞美，在历史上，二者并不是此起彼伏，而常常是出现在同一时间。

两极分化存在于不同文化和时期，在亲近和敌对老年人的形象同时出现的情况下，这展现了人类的共同点，至少是展现了人类普遍的生活经验，我们可将其标榜为对世界道德遗产的贡献。

人想长寿，却不愿意变老。因此，老年形象的两极分化是真实存在的，仅仅为了构建有益的老年人的形象而消弭老年形象的两极分化是没有太大意义的，更有意义的是为了有益的老年形象而影响两极分化的权重。当然，这并不是为了说服我们为老年人创造一个更好的世界，而是在克服巨大的惯性中创造一个更好的现实。

早期历史

如果要寻找一个长久以来占据主流地位的老年人形象,我们最好先从词汇史入手,因为词汇史中浓缩了更多的历史事实:三代人之前,我们可以毫无顾忌地使用"白发老人/白头翁(Greis)"这个词,今天听起来却有点贬低的意思,尽管到了老年,双鬓不可避免地会染上繁霜,这也并没有什么不光彩的。"Greis"一开始指的是颜色,也就是动物学上大家熟悉的"灰熊(grizzly bear)"的颜色:我们的头发会变得越来越灰,更确切地说是"亮灰"或"银灰"①。尽管如此,今天人们更喜欢将他们称为"长辈(Senior)"或"长者(Betagten)",或使用其他美化、婉转的说法,称老年是"最好的年华(Best-Ages)"和"生命的黄金岁月"。拉丁语系的称呼中,法语叫"Seigneur",意大利语叫"Signore",西班牙语叫"Señor",还有法语中的"Sire",甚至英语中的"Sir",听起来都德高望重,似乎老年人都是令人崇敬的人,

---

① 德国人不说白发,而说灰发。

应该赢得年轻人的敬意。台奥多尔·冯塔纳（Theodor Fontane）曾慰藉说，人不会越来越老，而是越来越好。可惜并不是所有的人，也不是所有方面都如此。

说到老年人的正面形象，我们不能回避其重要的法律及经济背景。在古罗马，老人的崇高地位根植于其在父系社会中，在政治和法律上拥有的卓越地位。作为"家里的父亲（pater familias）"，男人成为家庭中的首领，在上层社会以及在共和国时期有机会成为"长老院（Rat der Alten）"①成员和元老（Senat），亦即有机会参与政治统治。

如果老年人利用起他们在法律和经济上的优先权，那么年轻人会很容易指责他们吝啬、贪婪。不仅在古代，直到今天，老年人也可能将家庭财产掌握在自己手中，倘若年轻人没有自己的收入来源，他们就会有一种不那么自在的依赖感。以普劳图斯（Plautus）的喜剧《金罐》（*Aulularia*）和莫里哀（Molières）的《吝啬鬼》（*L'Avare*）为例，不少欧洲剧作对该主题

---

① 英文为 Elder Council。——编者注

进行了舞台表现。

单纯地对老年人推崇备至的做法从来都没有存在过。早在古希腊文学中，例如在荷马的作品中就已经出现了矛盾的形象，这两种对立的形象直到今天都在起作用。对于年老衰弱和无助的负面评价，特洛伊的国王普里阿摩斯（Priamos）就是一个例子（《伊利亚特》第二十四卷第486行起）；而皮洛斯（Pylos）的国王，善于辞令的智者涅斯托尔（Nestor）则展示了正面的评价（《伊利亚特》第四卷第320~325行）。另一个正面典范是雅典的盲人先知特里西亚斯（Teiresias），索福克勒斯（Sophokles）在悲剧《俄狄浦斯王》和《安提戈涅》中让其作为警诫者出现。别忘了，还有一对老夫妇鲍西斯（Baucis）和费莱蒙（Philemon），他们的热情好客给朱庇特（Jupiter）和墨丘利（Merkur）留下了非常深刻的印象，两位神将他们的小木屋变成了豪华的庙宇，让他们在庙里做祭司，并且允许二人同时死去。

另一方面，希腊诗人赫西俄德（Hesiod，约公元前700年）在他的古老的神话《神谱》

(*Theogonie*)中强调了老年人的负面形象。他说，神话里黄金时代的人并不了解"苦难的时代"，铁器时代的人很快变老，却并不尊敬老年人。① 这种负面评价在希腊文学作品中并不占主导地位。古希腊哀歌诗人弥涅墨斯（Mimnermos，约公元前600年）在诗歌《生命的负荷》(*Des Lebens Last*)中悲叹"孤独的老年人"，因此"快点儿死比活着更好"，他希望自己在"老年的苦难"中，在"六十岁时就死去"！对此，与他同时代的人，雅典的立法者梭伦（Solon）在《致弥涅墨斯》(*An Mimnermos*)中作出回答："希望我在八十岁遇到死神！"（这个愿望也确实实现了。）因为，"即使变老了，我也依然学习"。柏拉图说，人在年老时才有洞察力和真正稳定的思想，所以高级政治职位的最低年龄限制是50岁，这听起来也是正面的老年形象（《法律篇》第二卷653a）。

希腊的视觉艺术证实了这种两极分化，它

---

① 古希腊神话划分了人类生活在地球上的不同时代：黄金时代、白银时代、青铜时代、英雄时代和铁器时代，黄金时代先来临，所以作者说黄金时代的人并不了解苦难的时代。

展示了老年人的两面——威严和衰弱，甚至丑陋。直到罗马的肖像艺术，虽然老年人的形象更接近现实，但也表现着威严。后来的老年人的肖像，包括年老画家的自画像也是如此。整体来看，他们的媒介，也就是绘画中，老年人身上通常洋溢着自信。丢勒（Dürer）的油画《母亲》和伦勃朗（Rembrandt）无数的老年人肖像（如《犹太老人》《老妇人》《穿红衣的老人》）也如此。即使在欧洲画家生命晚期的自画像中，如米开朗琪罗（Michelangelo）、提香（Tizian）、丁托列托（Tintoretto）、伦勃朗等人笔下，在没有将老年人过分理想化的情况下，更少表现他们的衰老和虚弱，而更多表现他们蕴藏在生活经验和成就中的从容自若，我们大概可以称之为"不朽"。

形象的情感表现力当然取决于关注者，取决于他们的期待和希望，还有当时的情绪以及其他一些因素。英国女作家查蒂·史密斯（Zadie Smith）在观赏鲍尔萨泽·丹纳（Balthasar Denner）的油画《老妇人》时感知到，她尽管尚未到达生命之路的终点，但起决

定性的一部分已经成为过去:"我的少女时光已逝去。"(Smith 2017)

对老年人的抱怨很大一部分可以用公共养老的缺失来解释。预防措施有两种:要么及时获得足够的财富,要么就得寄希望于孩子来赡养,而孩子们早夭或其他一些情况都可能使赡养停步。"令人诅咒、令人厌恶的衰老"也可能会出自一个物质极度丰富的忧郁者之口,如安东·契诃夫的剧作《万尼亚舅舅》中那个永不满足的大庄园主、退休的教授亚历山大·弗拉基米罗维奇·谢列勃里雅科夫(Alexander Wladimirowitsch Serebrjakow)。

我们再来看看古希腊、古罗马时期(Wagner-Hasel 2012)。有一部近2000年来堪称具有爆炸性的作品——亚里士多德的《修辞学》(*Rhetorik*)——是当时社会历史的宝库,其第二卷在第12章到第14章描写了生命中幼年时期(neoi)、生命的"花季(akmê)",以及衰老期(presbyteroi)三个时期的细致而微妙的心理。

从著名的底比斯的斯芬克斯谜语中我们已经知道了这三个时期,人这种生物一开始用四条腿走路（婴儿），然后用两条腿走路（成人），最后用三条腿走路，也就是用拐杖来辅助走路。在其他文化中也能寻找到这三个阶段，先是上升，然后是繁盛，最后走下坡路，但我们不必拘泥于这种存在（Dasein）的三分法。

其他一些作家的划分有所不同。毕达哥拉斯（Pythagoras）按照四季将生命划分为四个时期，每个时期为20年，他也遵循了上升与下降的想法。梭伦在他的生命挽歌中将生命划分为十个阶段，每7年是一个阶段，他估计自己会活到70岁，实际上他低估了自己的寿命，他活到了80岁。我们在亚述人中发现了另外一种令人惊奇的划分：40岁是生命的花季，50岁是短暂的岁月，60岁是成熟的年龄，70岁是漫长的岁月，80岁是老年，90岁是享福的年龄，或者说这个人拥有长久的、成功的生命（Gurney/Hulin 1964，Text 400，Z.45-47）。

我们再回到亚里士多德：根据所述内容，《修辞学》更多的是论述一般希腊人理解的老年人的真实形象，是当时主流的老年心理学，而不是老年人的"理论"。亚里士多德将他的中道

（meson）伦理基本思想转义为三个年龄段。正如榜样的行为或美德就处于过与不及这两种错误行为之间，例如，勇气就是介于懦弱和蛮愚之间，同样，老年人的激情和性格与幼年时期形成对立，那么生命的花季就是人生的最佳状态。

亚里士多德称，之所以对老年人很少恭维，是因为老年人在生命过程中经常被误导，此外，老年人也会犯很多错误。因为他们经历过许多糟糕的事情，所以在判断时非常谨慎；他们对任何事情都不作肯定，而是用"也许"。他们接受事物背后最糟糕的一面，所以他们总是很多疑。他们在生活中受到屈辱，所以不设立重大的目标。又因胆小、懦弱，所以小气、吝啬。他们渴求根本不存在的东西，所以越接近生命尾声，他们就越是眷恋（《圣经》的经验说人们因"日子满足"，所以满怀信心地向尽头望去，根据亚里士多德的说法，老年人并不是这样的）。

《修辞学》继续说，老年人更多地生活在回忆中，而不是希望中。他们不断地谈论过去，因为他们在回忆中感受到快乐。他们是出于恶意（kakourgia）而行不公正之事，而不是像年轻人那样是出于狂妄（hybris）。他们不是因为人与人之间的爱而感受到同情，而只是出于自己的衰弱，他们认为所有要忍受的痛苦就在眼前。他们一点儿幽默感都没有，而且特别爱哭哭啼啼。

差不多两代人以后，哲学家伊壁鸠鲁（Epikur）在《致美诺西斯的信》（第122节）中描绘了一幅令人愉快的画面："年轻人应该毫不犹豫地进行哲学思考，老年人也应该不知疲惫地进行哲学思考；因为对于灵魂的健康来说，我们既不年轻也不年老。"对于伊壁鸠鲁来说，这种健康就是一种安宁，是一种性情以及心灵的宁静，沉着冷静地对待厄运，从痛苦和欲望中解脱出来，才能达到一种持久的、确实的满足感。

根据伊壁鸠鲁的说法，人无论处于何种状态，无论处于哪个生命阶段，都可以达到他所谓的"哲学思考"：追求心灵宁静。但是，追求并实现心灵宁静这种更进一步的方式可能存在年龄的差异，尽管内心平静的幸福状态这一目标与年龄无关，通往目标的路和具体的方式却与年龄相关。

希腊医学

医学对于希腊老年形象有着特殊的作用。自著名医生希波克拉底以来,医学就致力于研究老人的机体特征,如皮肤的皱纹,研究血液、淋巴、胆汁、黏液和组织液的变化,并得出老年人的特征就是机体日益干燥变冷。那时人们已了解年轻人和老年人的疾病的不同情况,并且知道特定年龄特有的疾病。杰出的古希腊动物学家、哲学家亚里士多德就长寿和短命问题甚至还写了一篇小论文,就年轻人和老年人问题写了另外一篇。

后古典医学更确切地研究了已知的老年现象。马可·奥勒留大帝(Mark Aurel)的御医盖伦(Galen)已经开展了明确的老年护理(gerokômê),包括按摩、食疗、运动和呼吸训练等元素,用以对抗所谓的机体"干燥"和"寒冷",也就是延缓衰老过程。抗衰老并不是最近几十年的发明。但人们也懂得有极限。与盖伦同时代的克理索(写作 Kelsos 或 Celsus)试图阻止衰老,显然已超出了医学的力量。

现代行为科学家如在柏林研究老年问题的学者保罗·巴尔特斯（Paul Baltes）视老年"同时为身体、生理、社会和精神现象"（2007，15）。我们也说到"生物文化的共建主义"，也就是生物和文化元素的相互作用。在这两个极其重要的元素中——个人元素被视为第三个——自希腊人以来，医学就加强生物部分，同时又减少对文化的依赖。

作为医生，希腊医学家对老年人进行了冷静的审视，这种审视开启了真正的老年科学，远早于新的特殊医学，即老年病学。它最终以老年人的康乐为导向，相当于人文科学，将希波克拉底第一个原则"患者至上（salus aegroti suprema lex）"改为"老年人至上（salus senis suprema lex）"的原则。这是基于自然科学的基础研究得出的，它们为亚里士多德《修辞学》补充了社会心理学方面的基本知识。

从弗朗西斯·培根到帕布罗·卡萨尔斯

如果我们有选择性地跳过近千年的中世纪，就会看到一种文学—哲学体裁，也就是近代早期的道德主义观察，人们受一些古代先驱如塞内卡（Seneca）影响，不再创立那么多的规则和法律，而是去关注人的行为，去比较不同行为方式，而成为比较社会学的先驱。此外，这种文学一哲学体裁还进行道德批评，让人们注意到行为背后隐藏的动力，并提出道德实践方面的建议。文学一哲学体裁的特点就是它固守某种风格。它将道德批评以风趣的、有艺术性地塑造的"尝试"以散文及其凝练形式——格言——表现出来。

英国大法官及科学预言家、社会哲学家和意识形态评论家弗朗西斯·培根就是个例子。在散文随笔集《论青年与老年》（*Of Youth and Age*，1612/1985，Nr.42）中，他进行了类似亚里士多德在《修辞学》中的比较分析，但该分析只限于两个生命时期，并与广泛传播的三阶段模式——上升，繁荣，下降——进行了比较："经验肯定会引导老人落入思维定式，但在新事物方面却会欺骗他们……上了年纪的人提出太多异议，思考得太久，权衡得却太少，后悔得太快，很少到最后一刻能充分抓住机会，而是满足于一般的成功。"

据培根称,年轻人有与之相反的弱点:"年轻人在处理和操纵事物上,常高估自己的能力,常会接手他们能力范围之外的事物;挑起他们解决不了的事儿;不择手段和方法达到目的。"培根因此提出一些建议,这些建议可以明智地应用到工作策略中,他认为:"让这两个年龄段的人一起工作非常可取;优势显而易见,因为二者的优点可以弥补彼此的缺点。"同样,"外在"也是有利的,"因为老年人享受权威,而年轻人喜欢被宠爱、被欢迎"。此外,培根断言:"相对于意志和性情,老年人理解力不断增强。"所说的感受能力丧失的原因让人想起亚里士多德的悲观判断:"人类从世界汲取得越多,世界就越毒害人类。"

接下来这个例子我们换一下文学体裁。其中之一便是"航海幻想(voyages imaginaires)",即16、17世纪的乌托邦游记小说。施瓦本神学家约翰·瓦伦丁·安德利亚(Johann Valentin Andreae)的小说《基督城》(Christianopolis,1619)专门为"老年人"写了一章。安德利亚认为变老是一种疾病,此处可以姑且不讨论这一观点的正误(见第七章)。更重要的是"老年男女"所得到的尊敬和帮助。老人们都是由"自己人"来照顾、鼓励、尊敬,并可以向他人提供建议。这些"自己人"可以说是今天护理人员的前身。究其原因,老人让人想到感恩:他们一直"以巨大的努力和功绩,以无比的忠诚和勤奋献身,鞠躬尽瘁直到晚年"。

乔纳森·斯威夫特(Jonathan Swifts)的《当我老了》(*Entschließungen für mein Alter*)罗列了老年人容易犯的一些小错误,相当有趣。莎士比亚的《李尔王》里面有一个痛苦的老人的形象,鲁道夫·亚历山大·施罗德(Rudolf Alexander Schröder)的诗作《老人》(*Vom alten Mann*)中也有令人沮丧的老人。娜塔莉娅·金斯伯格(Natalia Ginzburg)的评判则更加谨慎(1976,17-21)。对她来说,晚年虽然意味着好奇心的终结,但她又说,有些东西"总是让我们惊讶:我们看到,当我们仍在努力理解、回味我们的青春时,我们的孩子却成功地活在当下,看懂当下"。

一位著名小提琴手的态度更适用于老年人。奈吉尔·肯尼迪（Nigel Kennedy）在刚刚60岁时是这样回应变老的问题："噢，不知道啊——我还没有变老呢。"（Hamboch 2011）西班牙大提琴家帕布罗·卡萨尔斯（Pablo Casals）也表现了类似的乐观的、热爱生活的态度，他说："年老根本就是相对的。如果我们继续工作，而且总是容易发现我们周围的美好，我们就会发现，年老并不一定就意味着衰老。"（1971，9）在同一篇文章中，他记录了自己接受格鲁吉亚—高加索乐队的邀请做客座指挥，该乐队的成员没有小于100岁的，那时的乐队队长甚至都达到123岁高龄了。

其他文化一瞥

对于全球化时代来说，超越自身文化界限的好奇心是不可或缺的。①

就使命来说，人的本质与年龄无关。那些

---

① 关于老年人和衰老这一话题，请参阅 Ehmer/Höffe 2009 和 Kielmansegg/Häfner 2012 的第一、二部分。——原注

使人之所以成为人的因素并不仅适用于年轻人，而且同样适用于老年人。例如，有两个可追溯到古典时期的定义与年龄无关，即人被赋予语言和理智，且人是一种社会性的，或者更进一步说，是一种政治性的生物。但是在涉及具体形象的时候，人类的这种与年龄无关的本质却被放到了不那么重要的位置。亚里士多德将人类40岁归为生命的"花季"，所以他根本不相信，人在40岁以后会在理智和文化上走下坡路。

同样，在一神论里，如犹太教和基督教思想中，对年龄的忽视也是典型的。上帝按照自己的样子创造了人类，将人类作为自己在地上的代言人，在这种使命中，年龄根本就不重要。这里，人的核心显然与年龄无关，我们也可以说，这是"反年龄"的。尽管如此，也还是有对年龄的特殊表述。这种表述并不在基督徒的《新约》中，而只在犹太人的《圣经》中。他们的老年形象徘徊在众所周知的两极，即赞美晚年和贬损晚年。

由于穆斯林人口的不断增长，我们也来看看他们的老年人形象吧：在土耳其，在穆斯林为主体的社会中，尊敬老年人还是主流做法。这种传统态度在土耳其大城市或是在旅居国外的土耳其人中是否能保留，未来将会告诉我们。和许多地方一样，这里也存在着传统生活形式消失的趋势。

印度教将生命分成四个部分，这与西方世俗社会完全不同。先是两个非宗教的、全心学习及追求的阶段，然后是两个宗教阶段，在这两个宗教阶段中，男男女女先成为宗教大师的门徒，之后每个人都不受世俗羁绊，而去圣地朝圣。

再来看看我们所知甚少的文化：公元前6世纪到公元前3世纪，在中国古典思想中产生了许多不同的流派，这些流派至今还继续产生影响，而且往往是流派之间相互影响。我们先把道家、法家和释家放在一边，来看一下记录了孔子的话的《论语》中的一些要点。

当中涉及的老年人形象与一个井然有序的社会息息相关。在这个社会中，家庭和家族里，在血缘上和规范上父亲都享有较高等级："父在，观其志；父没，观其行；三年无改于父之道，可谓孝矣。"（《论语·学而第一》，Konfuzius 1982）

父亲的至高无上让人联想到古罗马，只不过孔子并不是靠法律，而更多是靠习俗和道德来维系它。另外一个有特权的是兄长，因此，对于儒家来说，最重要的是亲缘关系而不是老年人的形象。照顾父母比为国家服务更重要，所以，和许多古希腊、古罗马人不同，受儒家思想影响的中国人无须恐惧会有痛苦及被遗忘的晚年。

小说集《说苑》中，愤怒的国王被告知，为王室服务是为了更好地为父母做事（《说苑·修文》）。儒家的下一个代表人物孟子抨击时政，因为当时的政治不能保障父母无忧无虑的晚年生活。如果父母未得到关爱，正应了一句包含中国智慧的老话："晚年缺少关爱，正如久旱无甘露。"

我们看看当代的日本，就会发现几代人之间的生活状况，这让我们想到儒家，也想到土耳其对老人的虔诚态度。在日本这个现代工业国家中，几代人住在一起的比例格外高，父母与子女及孙辈生活在一起，这其实更多的可以解释为帮助和护理的需求，而并不是尊敬和孝敬。不过，欧洲社会历史的基本模式在日本越来越重要，即在晚年希望自己的经济与人格独立于自己的后代。然而帮助和护理是需要后代参与的,甚至不一定是自己的后代。

我们对非西方文化选择性的一瞥证实了老年人形象的两极分化。幸运的是,两极的相对权重是可以被影响的,变老的艺术无论是个人还是社会方面,都努力削弱对老年人的敌对,而加强有益于老年人的因素。

第三章 "老龄化社会"还是"赢得的时光"?

由于人口结构的巨大变化,今天我们常说到"老龄化社会"和"老龄化",然后就不由自主地想到不断加剧的衰老,欧根·罗特(Eugen Roth)以他的讽刺诗句对此进行评论:"一个人在电车里/一个挨一个地打量着人们:/突然间他准备放弃/各种永生。"害怕在经济领域,可能也害怕在科学文化领域中创新力下降,与此同时,需要护理的人数却不断增长,我们社会的这种占主导地位的自我认知是奥斯瓦尔德·斯宾格勒(Oswald Spengler)关于"西方国家的没落"的文化批评论断的一种当代变体,实际上经不起进一步的审视。

首先,这让我们想到了一种多义性。德语

中"Alter"①这个词并不必然意味着一个人生命的晚期。"年龄结构（Altersaufbau）"、"年龄的确定（Altersbestimmung）"、"年龄限制（Altersgrenze）"和"年龄差别（Altersunterschied）"，还有"盛放的岁月（blühendes Alter）"和"岁月的力量（Kraft des Alters）"这样的表述至今可以证明，它一开始并不专指高龄。拉丁语中，"aevum"更多是用来表示年代和时代，而"aetas"是用来表示年龄、年纪的（s. *Deutsches Wörterbuch*, Bd. I, 268f.）。并且这一意义很可能是从高龄的相反阶段发展而来的，即意味着"从未成年成长起来"，然后再扩展到一般意义上的"年龄段"，然后才是与之前所有的生活阶段不同的"晚年（senectus）"的意思。"高龄"这个阶段经常会与"老年护理"、"养老院"、"老弱的人"、"养老金"和"老花眼"这样带"老"字的表述联系起来，"老龄化社会"及"老龄化"的概念暗示了高龄阶段和晚年。②

---

① 年龄，岁月。
② 关于"什么是老年和衰老"的多角度分析请参阅 Stock/Lessl/Baltes 2005, Gruss 2007, Staudinger/Häfner 2008, Sill 2016。——原注

源自实践的社会研究却给出了一个与字面意义相悖的结果：近年来，变得需要被照顾的风险几乎没有上升，而且痴呆症的患病率甚至有所下降。我们当然可以提出异议，因为现在有一半的医疗费用都投入在65岁以上的人群。但无论人是在年老还是年轻时死去，这一半的费用其实都用在了其生命的最后六个月。

如果将所有社会研究结果放在一起，我们就会得到一个新的总体印象，真实情况比我们所说的"老龄化社会"好得多，我们应该称之为"赢得的时光"：我们没有患上因年老而产生的疾病，这样度过的时光意味着我们的"健康期限"已经大大延长了。因此，我们并不是面临老龄化，而是"赢得了生活质量"。相比前几代人，今天的老年人更少患梗阻和血管钙化，他们的大脑甚至普遍更大了。

不断提高的预期寿命

与不假思索的"老龄化社会"的说法恰恰相反，这种新的形象强调"赢得的时光"，而且从人的预期寿命的巨大变化开始。16世纪，米歇尔·德·蒙田（Michel de Montaigne）在随笔《论年龄》（*De L'aage*，1580）中写道，那个时候，"人死于老弱非常罕见，是不同寻常的死亡"。自1840年获得可靠数据以来，人的平均预期寿命翻了一番，而且每10年会提高2.4岁。20世纪初，中欧60岁的人预期平均还能再活13年或14年，今天，这一预期提高了一倍，大概是再活24年，女性的预期寿命相较男性稍微高一些。

预期寿命提高的原因是众所周知的：直到20世纪，瘟疫一直席卷欧洲，如天花、鼠疫、霍乱、斑疹等。第一次世界大战结束后不久，肆虐欧洲的西班牙流感造成的死亡人数比世界大战本身的死亡人数还要多。

幸运的是，西欧和北欧70多年以来没有再受到战争的伤害。卫生条件的改善、抗生素的使用和其他医学及保健方面的进步，加上工作和居住状况的改善、营养条件的改善，以及其他更审慎的生活方式，还有冷藏使食物不易变质，都使欧洲大部分地区人的平均寿命有所提高。

其实，在两千多年前，许多伟大的希腊人已活到了非常大的年纪：雅典悲剧作家索福克勒斯活到 90 岁，和后来的哲学家皮浪（Pyrrhon）、毕达哥拉斯一样；诡辩家高尔吉亚（Gorgias）甚至活到 109 岁；众所周知，哲学之父柏拉图死于 80 岁，到达了所谓"《圣经》的年龄（das biblische Alter）"（意指高龄）；斯多葛派哲学家爱比克泰德（Epiktet）活到 88 岁；原子论的奠基人哲学家德谟克利特（Demokrit）活到 89 岁。我们可以把这些当作特例，但希腊作家第欧根尼·拉尔修（Diogenes Laertius）在他的《名哲言行录》中所涉及的人，今天经过数据考查，平均年龄并不低于 75 岁。

让我们再回到现代，还能找到无数例子，这些人的长寿并不能归功于现代医学：弗朗西斯·培根在快 100 岁时才去世，这可能是因为他自己的人生智慧——"用餐、睡觉以及身体运动时无忧无虑，开开心心，是长寿的秘诀之一"（Essays，Nr.30）。现代早期卓越的政治哲学家托马斯·霍布斯（Thomas Hobbes）曾为培根担任秘书，他尽管树敌无数，还有过两次艰苦的逃亡，却还是活到了91岁。伊曼努尔·康德虽然自出生以来就体弱多病，却在57岁那年发表了作品《纯粹理性批判》（*Kritik der reinen Vernunft*），这部作品第一次使他在世界上声名鹊起，之后他又活了23年，并且不断地出版哲学著作。

今天，男性的预期寿命只比希腊哲学家高三年，就这三年来说，可以说现代医学对于提高预期寿命方面的贡献相对并不大。今天我们所享有的平均预期寿命其实早已有之，只不过从前大部分这样长寿的人都属于受过教育的中上阶层。

值得注意的是，今天的研究人员通常很少注意到另外一个研究结果：不仅仅是希腊名人，除了我们所谈到的哲学家，还有许多其他近现代的天才都活到了更高龄。戈特弗里德·贝恩（Gottfried Benn），非学院派研究老年人的学者，同时也是医生和作家，不同于那些受专业限制的人，他引证了当时已经去世的画家和雕塑家，例如99岁的提香和89岁的米开朗琪罗（1954，14-17）。他还提到了86岁的戈雅

（Goya）、88岁的利伯曼（Liebermann）、81岁的蒙克（Munch）、83岁的德加（Degas）、86岁的莫奈、90岁的门采尔（Menzel）。贝恩所提及的18个人，如果我没有算错的话，平均年龄近84岁，比希腊著名人物的平均寿命高了近10年。

然后贝恩提到了诗人和作家，歌德活到83岁，萧伯纳94岁，托尔斯泰82岁，伏尔泰84岁，维克多·雨果83岁，格哈特·霍普特曼（Gerhart Hauptmann）84岁，冯塔纳（Fontane）79岁。这里他提到了26个人，平均年龄为82.4岁。伟大的音乐家如威尔第（Verdi）活到了88岁，许茨（Schütz）87岁，海顿（Haydn）78岁，凯鲁比尼（Cherubini）82岁，15个人平均寿命近79岁。

贝恩的评论很有道理，他说这些数据首先驳斥了"小资产阶级浪漫主义意识形态"所说的"艺术耗费心力的特征"，所谓的典型——如席勒46岁时去世，克莱斯特（Kleist）34岁去世——或是有严重疾病（如席勒），或是自尽（如克莱斯特），并不是由于艺术将其生命消耗殆尽。最重要的是,他在这里与蒙田的看法相悖,认为衰老根本不是什么新话题,新话题只是所有民众都期待长寿,而并不仅仅是受过高等教育的人和天才有这样的愿望。

但在1930年代的《故乡》(*Altheimatland*)杂志的一篇报道中,根据一位巴伐利亚高官的说法,在1800年,泰根湖(Tegernsee)地区的女人尽管要生8到10个孩子,但她们都能活到"80岁",而男人却很少有活到"60~70岁"(*Tegernseer Nachrichten*,März 2008,26)。

这一点上,让我们看一下人类生物意义上的亲戚——灵长类动物。研究表明,智人与猴子和狐猴(原猴)有共通的衰老模式。在生命之初,死亡率非常高(不过人类只有从前才是这样),然后在青少年阶段死亡率很低(倘若不卷入战争),以及——请允许我道出一个众所周知的论断——随着年龄增长,死亡率再次增高。

众所周知,女人比男人预期寿命高。猴子也是这样,但是有一点区别很有意思:灵长类的雄性越是追求雌性的青睐,两性之间的寿命差别就越大。在几乎是一夫一妻制的猴子中,两性之间寿命差异较小，相反在多配偶生活的大猩猩和黑猩猩中，两性之间寿命差异很大。因而那些过着禁欲生活的人类，那些未婚独身的人，还有僧侣、修女等，他们的预期寿命差异将会很小吗？随着妇女越来越多地参与职业生活，我们将会见到两性预期寿命的差异缩小吗？女人需要得到男人垂青的职业领域是不是尤为如此呢？

按日历划分人生阶段值得推敲

一个社会、一个团体根本不可能老化，所以老龄化社会的说法具有误导性。更要命的是，它还以外部日历为导向设置了年龄限制[1]，而不是以实际生活和经历为导向，即既不是参考生物意义上的，也不是参考情感、社会及精神意义上的年龄。

根据历法年龄，老年于60岁开始，不仅在西方国家，在世界各地都是广为流传的传统。

---

[1] 即历法年龄，也称日历年龄、年代年龄、时序年龄、自然年龄等，是按照人的出生年月的日历计算的年龄，纯粹从时间的推移计算而得，与"生理年龄"（或称"生物年龄"）不同。

这一说法起源于古希腊、古罗马时期，中世纪和近现代在欧洲得以巩固和继续发展，非欧洲文化也是如此。但实际上，在历史中最长的一段时间里，这种说法其实更多具有一种象征意义。

很少有人知道他们自己到底有多大。这一事实令我们这个有出生证明和身份证的世界着实感到震惊，而这并不是由于缺少出生和死亡登记，而是在当时的生活和工作中，对于自身年龄的认知并不重要。很多时候，某些领导职位对年龄的要求只有下限而没有上限。本质上讲，到了工业社会，尤其是因为20世纪的退休金、养老金制度，这种以日历划分人生阶段的方式才获得实际的意义，并同时支配了整个生活。只有在某些领域才可以不受退休年龄限制地工作，如在政治领域，或作为独立企业家、乐队指挥、知识分子和作家生活。

这些群体示范性地展示了很多人的情况：身体、精神、灵魂都不会退休，更不会今天还工作着，明天说退休就退休。此外，健康及工作能力方面的个体差异不断加大，同一年龄段的人与平均值的差异到了老年会更大。

持久的活力

单凭较高的预期寿命并不能证明"赢得的时光"是正确的。重要的是,"健康期限"这一说法使人联想到,无论身体还是精神,另外还有情感和社会方面都保持持久的活力。再以哲学家为例:2016年末到2017年初,有人从海尔曼·吕贝(Herrmann Lübbe)开始,为精神健康并超过90岁的德国哲学家进行排序。吕贝后面是迪特·亨利希(Dieter Henrich)、罗伯特·施佩曼(Robert Spaemann)和克劳斯·海因里希(Klaus Heinrich)。海尔曼·克林斯(Hermann Krings)享年90岁,卡尔-奥托·阿佩尔(Karl-Otto Apel)享年95岁,伯特兰·罗素(Bertrand Russell)甚至活到近98岁,汉斯-乔治·伽达默尔(Hans-Georg Gadamer)享年102岁。今天如果被问及年龄,很多人都认为他们现在正处于"最好的年龄",他们会觉得自己比实际年龄年轻10到15岁。无论如何,如果说每个60岁的人都"老了",那就真的太草率了。

但是我们另有一个真相:孩子生得更少了。

问题并不在于人们所说的人口老龄化，而在于缺少年轻人，也就是"Unterjüngung"①。今天，生活在欧洲的超过60岁的人比15岁以下的人还要多。

人口结构已从根本上发生了改变，这是无可争议的。随之而来的却并不是"老龄化社会"，而是结构上的年轻化。英国老年问题研究员汤姆·柯克伍德（Tom Kirkwood）问，我们为什么在病历中赋予年龄如此重大的意义，他表示：在家庭护理和养老院中，至今都要求填上年龄，为什么我们不干脆把年龄去掉，而以人的生物状态为导向呢（Kirkwood 2001）？另外，以精神的（认知的）、社会和情感的（心理的）状态为导向应该更明智。

尽管只是特例，但电影世界展示了更广阔也更现实的可能，例如《007》系列电影就让50岁的女演员莫尼卡·贝鲁奇（Monica Belucci）扮演所谓的邦德女郎。还有一些50多岁的演员，如朱丽叶·比诺什（Juliette Binoche）和朱丽安·摩尔（Julianne Moore），甚至60多岁的女演员

---

① 这个词是德国政界讨论人口问题时对应"人口老龄化（Überalterung）"新造的词。

梅丽尔·斯特里普（Meryl Streep），也扮演着生动、迷人的角色。与年轻的美女相比，她们因生活经历而更加成熟，脸庞看起来不那么平淡。电视节目中最受欢迎的侦探系列剧的剧名正是《退休警察》（*Die Rentnercops*）。

我们不必害怕罗伯特·波格·哈里森（Robert Pogue Harrison）的小说《我们为何膜拜青春》（*Juvenescence*，2014）以及电影《年轻气盛》（*Youth*，2015）中所宣扬的，为了永恒的青春而废除掉年龄。以日历纪年来看，年龄增长而带来的成熟往往在多年以后才能被看出。就统计数据来说，老年人年轻化的现状也与所谓的人口老龄化是对立的，"老龄化社会"及"老龄化"这些概念掩藏了老年人年轻化的事实，暗示节奏缓慢而不是生机勃勃，暗示保护既得利益而不是为了创新的喜悦而愿意冒险，暗示人们囿于过去而不是以未来为导向。

几乎所有人都认为，到了老年一切都变得更糟，似乎对于悲哀的晚年的恐惧也社会化了。事实上只不过是身体力量更小，反应更迟钝罢了。但通常情况下，我们有了更多经验、社会能力和日常生活的技能。因此,从前占主导地位的老年人形象,即贬损的、匮乏的形象被经验丰富、活力持久的能干形象所取代。国家不必过分担心老龄化的社会,因为国民经济是不会停滞不前的。

人口统计研究员凡妮·克鲁格(Fanny Kluge)甚至期待变老的人口更有成就、更环保、更富有、更健康:老年人受过较高教育的比例提高了,所以更有成就;老年人比年轻人消费得更少,旅游更少,所以更环保;老年人财产分配给更少的孩子,所以更富有;而且他们疾病减少,所以更健康(Kluge u.a. 2014)。

尽管有人并不完全赞同这一乐观的判断,但由于专业技术人员缺口变大,由于近年来越来越多企业建立起来,也由于退休人员有更多时间去旅游,所以不可否认的是,今天的退休人员不再像从前一样坐在长椅上度过晚年,或只是从窗口注视着依然生机勃勃的人,自己却不再参与其中。

"2017年忠利集团①老年研究"显示,65岁

---

① Generali为意大利最大的保险公司,为欧洲第四大保险集团,在全球各大洲开展保险业务。

至85岁的德国退休人员对生活状况比从前任何时候都更满意:绝大多数退休人员认为自己经济不错,并对自己的健康状况作出完全正面的评价。令人印象深刻的结果是:过去的退休人员政策就仅仅是护理政策,而今天,这种以护理为主的政策根本不再适合晚年的多样性了。

有益于老年人的学说

勒内·笛卡儿在他卓有影响的《谈谈方法》(*Discours da la méthode*,1637,第五部分)中预计,在未来,我们不仅会"摆脱无尽的肉体和精神的疾病",而且凭借以自然科学为基础的医学,我们"也许还会摆脱老弱"。

然而最好的医学,即使延伸到化妆品和保健品业,也难以阻止典型的衰老现象。脱发和头发花白虽然可以通过染发、植发,严重时甚至可用假发套来克服,但要真正克服其他衰老现象是很困难的,如肉体及精神灵活性的降低、皮肤松弛、关节炎,由于短期记忆衰退而找不到合适的词的事儿也不断发生。柴可夫斯基的歌剧《叶甫盖尼·奥涅金》中,奶娘叹息道,

"从前所知道那些古老的故事,现在都记不住了"(第一幕第二场景)。

更有甚者,亲朋好友都相继去世。简·加尔达姆(Jane Gardams)的小说《最后的朋友》(*Letzte Freunde*,2016)中,一个女人叹息道,童年和青少年生活过的地方经常有翻天覆地的变化,从前的故乡现在变成异乡了,因为在那里既没有家的感觉,也感觉不到自己受欢迎。

特别是一些流行歌星,虽然他们按照"活在当下,及时行乐"这样的口号生活,或者是"希望我在变老前死去",实际上有些人过早地燃尽了自己,另外一些人则为无节制的生活付出了代价,生命尽头很少有快乐。还有一些人也活到相当高龄,如诺贝尔文学奖获得者鲍勃·迪伦(Bob Dylan)在七十几岁时依然非常活跃。美国作家马克·吐温曾经将晚年恶毒地描绘成精神针对肉体的战争,在此战争中,对于肉体来说,失败是无所谓的。而有益于老年人的学说就是要对抗这种无所谓。这些学说帮助我们的精神来享受"赢得的时光"。

第四章 社会政治的任务

社会伦理指导原则

根据"挑战与回答"的论证模式,用哲学语言来说:根据特定的否定方法(究竟什么才是错误的?),许多社会政治使命在特定条件下自发产生了。

每个人都有绝对的自身价值和"人的尊严",每个人都希望晚年尽量能独立生活,而这种愿望超越文化和时代广泛存在,所以社会伦理指导原则要求我们同样重视老年人不可侵犯的尊严。

这些伴随着预期寿命的提高而赢得的积极的生命,今天仍然有几乎用之不竭的潜力。与广泛流传的说法不同,不仅是我们之前提到过的天才,普通人也能活到老,学到老。例如,学习如何处理现代信息技术,使用数字社交网络,既将之作为通往世界的大门,又将之作为社会交流的平台。

我们提出两个显而易见的建议,以使这一切更轻松。一方面是发展易于操作的信息和家用设备,在智能设备允许的情况下,人能更长久并且独自在家中生活。另一方面,未来的使用者需要尽早学习如何操作,千万不要在自己的身体和精神状态出现一大堆问题时再学习。

为实现赢得的时光,我们需要针对预期阻力重新规划三个生活领域,即职业领域、教育领域和生活空间领域。①

改变职业领域

第一个生活领域涉及多种形式:从带薪上班到家庭工作,还有民间的志愿工作。当然,我们还必须考虑到休息、休闲和放松的个人需

---

① 关于塑造晚年的多维任务可参阅 Häfner/Beyreuther/Schlicht 2010。——原注

求。这样，相比让老年人较早地进入退休阶段，更明智的做法是减少他们的工作时间，比如减少普通教师及高校教师的教学任务。

几个世纪以来，根据《圣经》的创世故事，工作常被视为自由的对立面，甚至被视为对原罪的惩罚。现在，工作本身虽然还是辛苦的，却早就升华为通往自由的重要媒介。从前的英国绅士过着悠闲的生活，一点儿都不夸张：他去打猎，庄园由管家经营，搞搞政治，并热爱自己这个阶层的社交生活。相反，对今天绝大多数人来说，生活就是职业和工作。人们需要为自己的生计负责，在物质上自力更生，这给每个人提供了机会，既可以在身体上，又可以在精神上，特别是在情感上和社会中发现自我和实现自我：在职业和劳动领域中，人们超越家庭和社区，进入从竞争到合作再到社交的社会关系。当然我们不能绝对化，但我们可以说，"全心全意"投入工作的人也会获得很大的生活乐趣，甚至是幸福。

今天，工作类型及等级不仅与收入和社会的尊重相关，也与天赋的发展有着密切的关系。根据黑格尔的《精神现象学》(*Phänomenologie des Geistes*）中"主人与奴隶（Herrschaft und Knechtschaft）"一节，对自然的征服和占有与自我创造紧密相连，因此，马克思在《1844年经济学哲学手稿》(*Ökonomisch-philosophische Manuskripte aus dem Jahre 1844*)中谈到了人自我创造的权利。一言蔽之：工作对人来说，早就有至关重要的正面意义了。

为了相应增加公民的机会，有远见的国家并不致力于让公民提前退休，而是努力创造工作位置。只要老年人愿意并有能力，有远见的国家会允许他们尽可能长时间地融入工作领域，可以通过灵活的兼职工作体系来使融入更简单，而不是固守僵化的退休年龄。

人们早就开始明智地规划工作与退休养老之间的顺利过渡。在55岁到70岁之间，每两个德国人就有一个还在工作，其中有四分之一的领取养老金的退休人员要工作到70岁，而且这根本不是出于经济原因。

工作和退休严格分离的情况在20世纪才形成，现在这种情况无论如何都要调整，才能使学习、工作和休闲三方面在成年人各个阶段取得重要平衡。学习、培训、受教育属于青少年，工作属于成年人，休闲属于老年人，这样既不利于个人，也不利于社会。

对于活跃的公民，包括精力充沛的退休人员，除了有薪酬的工作，还有众多领域的志愿活动可供选择：他们可以教难民德语，辅导难民的孩子写作业；可以给小学生和养老院的老人朗读，或照顾孩子，当"临时奶奶"（当"临时爷爷"又有何不可呢？）——超过三分之一的退休人员已参与到协会、社区和教会中。有些人虽不是志愿者，但这并不减少他们令人尊敬的光彩。还有一些援助我们也不能避而不谈，例如祖父母对子女及孙辈的照顾，还有很多人照顾自己上了年纪的父母。

最近，公共知识分子中有不少人从老年人的离世中获得一种胜利的快感。法国女记者海伦·贝克麦兹（Hélène Bekmezian）在推特简介中称自己为"吞噬老年人的人"，并于2016年6月24日发推文："选举权就像驾照。老实说，到达某个年龄，我们就应该将之没收。"（Jäger 2016）

针对最近的英国脱欧表决，克里斯蒂娜·库

佛（Christina Kufer）在《本图》（*bento*），也就是《明镜周刊》（*Der Spiegel*）针对18到30岁读者的在线特刊中写道："亲爱的坐在助行车上的人们，请不要破坏我的欧洲。"难道真的有证据表明，像吕克·费里（Luc Ferry）所恐惧的那样，在种族歧视和性别歧视之后，我们又迎来了对老年人日益增长的歧视和仇恨，也就是"年龄歧视"？

如果真的存在这种歧视，那么当中有两个原因。从经济角度来说，人们担心老年人成为亲人的负担。在我们的民主国家中，老年人比例很高，在我们的"退休人员的民主国家"中，老年人会掠夺年轻人的资源。而事实上，长期以来，他们所提供的支持远比他们所得到的要多：孙辈所得到的物质资助在过去二十年中大大增加。尽管祖父母需要做比以前更多的工作，但他们给孙辈的照顾反而增多了。

祖父母有些通过经济方式，有些通过实际家务对晚辈进行帮助，有些照顾自己的孙辈，为年轻人作出了很大贡献，大大减少了年轻人初入职场和建立家庭的困难。而且由于老年人在很大程度上是自愿无薪酬这样做的，"赢得的时光"对双方来说,即对老年人自身和对社会来说是一种双赢。

经济上的反对意见偶尔会再次出现,说老年人夺走了年轻人的工作岗位。事实上,在一些提前退休率较高的国家,如法国和意大利,年轻人的失业率也并不是特别低,而是高得惊人。

造成上述年龄歧视的另外一个原因是政治上的原因。特别是在英国脱欧的表决中,老人们被指责阻碍了年轻人的未来,人们认为老人们投票表决跟他们无关的事情,至少与他们的关系远远没有与年轻人那么大,而年轻人不得不为此承担巨大的后果。这些政治上的异议并不像经济上的那样容易被反驳。因为老年人可能期待再活20年,而年轻人可能还要活上三倍以上的时间。但这里也可以说:年轻人可能更能适应生活环境的变化,甚至能创造性地处理这一变化,老年人尽管仍然有学习能力,但适应这种变化无疑更艰难。

新的教育领域

如果没有第二个领域,也就是教育,那么工

作的效率会受到限制。普通教育、专业培训和继续教育等教育形式决定人要实现众多可能性中的哪一种。教育是区分和排除人群的一个标准。无论对个人还是对社会来说，教育都是对未来的投资。并不是说鉴于更长的寿命、已经改变的人口结构、职业领域不断出现的新要求，我们就应当如有些人所说的那样，将继续教育固定在又一个教育体系中，让人们在工作一段时间后再回来接受教育。相反，从教育角度来看，三个生活领域并不应一一对应生命中的某个阶段，这样才更有意义，即并不是让青少年只顾学习，老年人一味休闲，而让工作处于二者之间。在一个融合了老年人的社会中，人在中年时应加强教育和家庭活动，到了老年则可自由从事有薪酬或无薪酬的活动（Staudinger/Heidemeier 2009）。

适合老年人的生活空间

最后，在第三个生活领域中，我们不可以将老年人过早地推到一个隔绝的空间，即"一群退休老人组成的城市印第安人聚居地"，被送到那里的老人会觉得好像被监禁起来。即使富裕社会的公民在里面住得宽敞,家具齐全,可是从社会角度来说,那里也不过是个储物间,里面还有"社会性早死(gesellschaftlicher Vortod)"①的威胁。对老年人来说,最糟糕的事情不是自己健忘,而是被别人忘记了。这让我们很容易想起但丁《神曲》中地狱入口的诫语:"你们走进这里的,把一切希望捐弃吧!"(地狱篇第三歌第9行)

人在需要被照顾前,当然不会思考这件事,其他可想的事多着呢。马略卡岛、希腊和土耳其的某些海滩吸引了太多热爱阳光的退休人员,人们有些嘲讽地称之为"老年人的海滩"。根据2016年一份报纸的报道,在佛罗里达州甚至存在一个由115000名退休人员组成的"社区",其成员就成心想待在那里。然而,他们到那里做什么,很值得怀疑,就是因为佛罗里达州的阳光和低税率吗?这样难道能实现变老的艺术吗?

经验表明,几代人生活在一起是个典型的反面教材。好在建筑师和城市规划者已开始设计"适合几代人"的新建筑、居住区和交通网,

---

① "社会性早死"为1998年德国年度恶词。

以便让孩子、青少年还有老人都能像"普通成年人"一样满足各自的需要和利益。

经验表明：即便欧洲那越来越多的养老院和住宅机构不再使人们记起旧学校的体育馆，或不再使人们想起贫穷的寄宿学校那带着沉船般的伤感气氛的大型宿舍，即便这些养老院和住宅机构是由单身公寓构成，配备健身房和游泳池，甚至比有的地方更加精致，但它们也很难像老人从前的生活空间那样丰富。因此，人们即使到了老年也喜欢待在一个熟悉的环境中，也就是家里。①

如果老年人仍需待在家中，我们就应为之提供丰富多样的、具有创造性的活动及社交机会。因为对一些必要的费用望而却步，即使在瑞士这样的福利国家也存在"养老院的痛苦"（Burri/Mijuk 2017）。老人们得到的食物太少；护理人员在深夜里给痴呆老人淋浴，反正老人们健忘，也无法告诉亲人；还有为节省人力而给数万名老人注射镇静剂。

---

① 关于老年护理和家庭护理的不为人们熟知的细节请参阅 Vollbracht 2015。——原注

第五章　老年艺术的典范

希腊人和罗马人都达到了惊人的高龄，《旧约》中说，他们的先知亚伯拉罕去世时为80岁，其他先知也都很长寿，先祖玛土撒拉（Methusalem）甚至活到神话中的年龄969岁，印度的智者释迦牟尼也是80岁，中国的孔子活到72岁，孟子活到82岁，也都是高龄。所以那时人们就考虑如何保持智慧和有尊严地老去。有益于老年的学说并不是新近才有的。

西塞罗：早期老年研究

最重要的著作之一出自政治家、演说家和哲学家马库斯·图利乌斯·西塞罗（Marcus

Tullius Cicero)之手,该著作因其彻底性和广泛性而成为真正的老年研究。他的蓝本是哲学家希俄斯岛的阿里斯顿(Ariston von Keos,公元前3世纪)的(失传的)著作《关于老年人》(*Peri gêrôs*),还有在柏拉图《理想国》中正直、年迈的刻法洛斯(Kephalos)与苏格拉底关于晚年的对话。

根据西塞罗的著作《论老年》(*Cato maior de senectute*,全名为《老加图论老年》),作为85岁的政治家,老年人仍可以通过三个特征来展现一个成熟男人的特点:尊严(dignitas)、庄重(gravitas)和令人尊敬的声望(auctoritas)。相反,衰老的特征应该归因于缺乏自律,因而跟年龄无关。

尽管这一评价很理想化,但西塞罗并没有将老年形象的两极分化推到一边,因为这一分化很接近现实。他将老年的负面看作对老年人的挑战,优雅地变老的艺术正是需要克服这一挑战。而如果没有外部因素干扰(西塞罗在完成著作不久后被谋杀),西塞罗就会额外获得真正升华的生命,这其实是发生在所谓的新的老年研究指导思想之前,也就是在"赢得的时光"之前(见第三章)。

西塞罗谈到对老年人的四点指责,他或予以反驳,或将之转变为更多挑战。这四点指控为:(1)从以前的职位上被排挤下来,被迫无所事事;(2)体力减弱;(3)失去很多乐趣;最后(4)死亡越来越近。

针对第一个指责,被迫无所事事,他建议老年人投身于公共福利事业(bonum commune),用今天的概念来说就是参与志愿工作和建设公民社会。因为我们并不是用体力,而是用一些到了老年仍被保留着,并且还增加了一些经验的能力来完成伟大的事业的。

西塞罗承认老年人体力减弱,而且精力也不那么旺盛,但可以用终生的、老年人特有的学习方式来对抗。年轻时我们尽可能多地获得巨大的精神资本,到了老年,我们可以经济地处理这些资本,把不重要的放在一边,并且在作规划时不仅仅考虑眼前利益。

今天的脑科学研究喜欢宣布一些新发现,但是这里得低调一点儿。因为两千多年前西塞罗就指出了现在脑科学研究所发现的一些东西，虽然并无确凿证据，而只是强调：人到耄耋之年仍有学习能力。对于生命科学的其他领域也是一样的：今天的研究人员并没有什么本质的新发现，只是证实了一些用人生智慧渲染过的人生经验，当然也常常有所细化。

根据西塞罗的说法，老年人更倾向于啰啰唆唆。针对这一点，爱尔兰作家乔纳森·斯威夫特的《当我老了》中有这么两条："不要把同样的事情讲给同样的人听"，还有"不要慷慨地给出建议……除非人家需要"（1965，115）。

我们可以把这项主要任务，即优雅地变老，用三个L总结：运动（Laufen）、学习（Lernen）、爱（Liebe）——最好再加上一个，笑（Lachen）。我们在下一章将会详细讲述所有四点，而这四点早已被西塞罗作为重点强调指出：身体运动、精神活动、社会交往和无忧的生活乐趣。此外，他还强调了老年人渴望独立自主的生活。只要人还致力于完成一些事情，就不会感觉到衰老，不过他的这个期望有些过于乐观了。

西塞罗在权威（auctoritas）中，在令人尊敬的声望中看到了老年人的光环,"而这不是由于花白头发和皱纹突然间得到的"。迄今为止在尊严中所走过的生命到了尽头,收获了威望的果实,所以可以避免尼采"关于虚荣的老人"中提到的危险。首先,尼采提出彼此相对的两个生活阶段:"沉思属于年轻人,清醒的意识属于老年人。"他又接着说:"尽管如此,老人有时仍然以沉思者的方式谈话和写作,那么他们是出于虚荣这样做的,他们相信,他们因此就具有了年轻人、狂热者、未来者、富于预感者、满怀希望者的魅力。"(Nietzsche 1878,Bd. Ⅱ,Nr.289)

在最后一章中,西塞罗面对第四个问题,也就是最令人不安的问题,即死亡越来越近。他作出两个当时主导的设想:灵魂或是消亡,或是在其他什么地方永远生存。这两种情况下,死亡也没什么可怕的,要么死后也没什么不开心的,要么过得更幸福。此外,西塞罗还建议创造一些永恒不朽的东西,以此获得永生。

插曲:莎士比亚、歌德和黑格尔

让我们姑且跳过古代晚期和基督教中世纪,

也跳过公元1500年前后的时代转折点，此外还跳过近代早期和古典主义时期，把许多世纪以来的众多的文学作品放在一边，如弗朗西斯·培根的散文《论青年与老年》，以及西班牙人巴尔塔莎·葛拉西安（Balthasar Gracián）的著作《世俗智慧的艺术》（*Handorakel und Kunst der Weltklugheit*）中的相关段落，后者因叔本华的翻译而著名。唯有一个不得不提，那就是莎士比亚喜剧《皆大欢喜》（*As You Like It*）中的一个著名的段落，即第二幕第七场的一小段（第139行起）。这一段里，贾克斯先是说，"全世界是一个舞台"，然后道出在这个舞台上要度过七个年龄段："最初是婴孩，在保姆的怀中啼哭呕吐。然后是……学童……第六个时期变成了精瘦的趿着拖鞋的龙钟老叟，鼻子上架着眼镜，腰边悬着钱袋；他那年轻时候节省下来的长袜子套在他皱瘪的小腿上显得宽大异常；他那朗朗的男子的口音又变成了孩子似的尖声，像是吹着风笛与哨子。终结着这段古怪的多事的历史的最后一场，是孩提时代的再现，全然的遗忘，没有牙齿，没有眼睛，没有口味，没有一切。"

约翰·沃尔夫冈·歌德的《格言与反思集》(Maximen und Reflexionen)是我们人生智慧的宝库。尤其在当时,老年阶段看起来是退化和衰退的阶段,这本书并没有否认这一阶段经验的丧失,而是给之以高度评价:"因为在生命的尽头,冷静的灵魂会涌现很多从前不可想象的想法;这些想法如极乐世界的神灵,闪耀在过去的山峰上。"(Nr.258)用格奥尔格·威廉·弗里德里希·黑格尔的话说,与永不满足的年轻人形成鲜明对比的是,老年人更温和,这并不是出于衰弱,而是归功于他们对人生的洞察。老年时形成的"判断成熟"使他们能容忍一些糟糕的东西,这并不是因为缺失什么,如失去兴趣,而是被"生活的严肃更深刻地教导,被引向本质的,纯粹的",真正的世界,这一世界就是现实的样子,也是应有的样子[《哲学史讲演录》(Hegel 1833—1836,Bd.12,53)]。

歌德到老年还展示了不懈的高产,在同时代人看来,他却似乎丧失了一定的行为能力:"我们保护老年人,就像保护孩子一样。"

（Nr.370）尽管如此，歌德并没有丧失幽默感，如在《老年》这首诗里他写道："老年是个彬彬有礼的人：/一次他敲别人的门，/可是这次没人喊：进来！/他又不想站在门前。/推开门，他很快进去了，/现在人家都说他是个粗鲁的家伙。"

阿图尔·叔本华：灰暗中的喜悦

我们将更多的时间给一位语言影响力最强的德国哲学家——阿图尔·叔本华。在《人生智慧箴言》（*Aphorismen zur Lebensweisheit*）的结尾，他勾画了"年龄对我们产生的改变"，在"论人生的不同时期（Vom Unterschiede der Lebensalter）"一章中，他既没有赞美晚年，也没有贬损晚年，而是作出了理智谨慎的判断。他按一年四季将生命分成四个部分，童年时为春季，青少年为夏季，成年为秋季，最后进入老年，"所有力量渐渐消失"，与冬天相对应。

到最后，还有一种七个阶段的划分，是按照行星以十年为一个阶段进行的划分。先是在生命的头十年，人学习得多，又很容易学习，由水星主宰。接下来的十年，爱取得了地位，由金星主宰。十年后就是勇敢好战的火星主宰。再过十年，在小行星的主宰下，也就是谷神星、灶神星、智神星和婚神星这些实用星，因为我们获得知识，创造了自己的家庭。在木星主宰的第五个十年，我们由于力量和经验不愿再顺从，而是想自己发号施令。再过十年，是沉重、缓慢又坚韧的土星主宰，最后是天王星主宰，因为我们将要告别而"去天国"。

叔本华并不想通过这种划分表明自然的生命跨度只有70年。相反，他与古印度哲学宗教的人生智慧——《奥义书》的观点不谋而合，这种观点认为人的自然寿命可以到100岁，活过90岁的人会无疾逝世，确切地说：没有死，而是停止生。

叔本华并不是将晚年视为晚年之前的生活阶段的对立面，而是视之为久远童年的对立面。童年充满幸福，因此这段时间似乎"如同失去的乐园"，我们在今后的时光里总是怀念它。因此，我们将再也无法达到这种乐园的生命价值，一种不可超越的愉悦，即便我们到了拥有人生智慧的年龄，也无法再企及。

童年之后的生活阶段似乎正好相反，成为幸福的对立面，即不幸。我们追求幸福，相信生活中能够碰到幸福，当然在这种希望中不断被蒙蔽，必会有不满情绪滋长。认识到所有快乐都是虚假的，相反，痛苦却是真实的，在"不懈地追求幸福"的阶段之后，随之而来的是"对不幸的忧虑"，这就是生命后半部分的主题。然而叔本华并不是以纯粹悲观的方式看待这段时光的，他认为我们用生活经验赢得了精神上的优越感，我们的时光也因此可以比从前更明朗，我们能更稳定地度过这段时光。

关于生命力，叔本华认为在36岁时会有一个转折，今天由于预期寿命的提高，这一转折可能会向后推迟。从前我们有着"最强大的能量和最高的精神力量"，我们只需依靠"利息"生活，而之后则必须动用"本金"了。人在年轻时有全部认知能力，到了老年只有一半，因为"事物匆匆而过，不留下任何痕迹"。

正如西塞罗和黑格尔一样，叔本华幸运地看到了一种"精神上的补偿"。由于"多方面关注和考虑事物"，经验和学识才丰富起来："一切都澄清了……只有'老了'才能获得完整而恰当的人生印象",不仅"在入口处",而且"在出口处眺望"人生。他继续道:"我们生命的前四十年提供文本,接下来的三十年则对前面的文本进行阐释,这些阐释教导我们理解文本的真实意义及相互关系,包括真正理解道德及其一切细节。"

"我们青年时要忍受不幸,晚年则要更好地防止不幸",在此观点下,叔本华指出,他不仅仅把幸福和快乐放在童年。因为只有晚年才教会我们幸福的条件,精神的平静,还有我们从古代哲学家伊壁鸠鲁和斯多葛那里所认识的开朗愉悦。

所谓晚年的两个劣势之一,即疾病,叔本华认为它其实跟年龄无关。获得丰富思想的人,尽管晚年精神力量减弱,但所剩还足够多,所以不必担心其他劣势,例如无聊。由于爱的喜悦平息,我们会用"巴克斯(Bacchus)①来作乐",也就是酒。其实人们应该继续培养对学习、音乐和戏剧的爱。今天,我们鼓励老年人去老年大学,老年人去剧院、音乐会、歌剧院的

---

① 罗马神话中的酒神和植物神。

比例大大提高，这些都清楚地表明，我们很久以来都在努力遵从叔本华的建议。

令人惊讶的是，这位哲学家还说，尽管如此，晚年还是有"某些灰色印迹"。我们已经认识到了生命的无意义，这时的平静温和便带有灰色的快乐，其中，衡量大小、贵贱的普遍的生命尺度已失去其价值。而且由于大多数人在生命过程中比较麻木，他们在晚年"越来越机械化"，再也不受外界的影响，总是想同样的事，说同样的事，做同样的事。

最后，叔本华并没有将不可避免的体力下降仅仅视为劣势。当然的确"非常伤感，但却是必然的，也是惬意的；否则死亡太沉重，要为此提前好好准备"。因此，在高龄时可以"安乐死"，这里是字面意思，指"平安快乐地死亡"，"非常轻松，没有疾病，没有抽搐，没有感觉的死亡"。因为所有的激情和活力都消耗殆尽，用《圣经》的话，我们"日子满足"而死。

雅各布·格林：变老的快乐

接下来的这位作家是日耳曼语言学的创立

者雅各布·格林，在他这里，与叔本华不同，灰色调并不占上风。雅各布·格林75岁的演讲《关于晚年的讲话》（*Rede über das Alter*，1861）先是淋漓尽致地展现了他渊博的知识。他当然提到许多诗人和哲学家，如他了解西塞罗的文章，并熟悉文章的希腊语版本。他又同样理所当然地博览了其他文化，阐释了不同民族对人类生命的划分，有两个阶段、三个阶段、四个阶段，还有七个阶段的。他引用了年龄的计算，如"篱笆可以保持三年，狗可以达到篱笆三倍的寿命，马可活三倍于狗的寿命，而人可以活到三倍于马的寿命"，也就是81岁。

显然格林一直乐于接受经验，他提及了老年的许多负面特征，但随后又注意到其优势和良好品质。他和弟弟威廉·格林在《格林童话》中收录了《寿命》（*Die Lebenszeit*，1840）一文，里面写到上帝决定了人的一生有70年，此处并未将生命划为七个阶段，而是划为四个阶段："前三十年是他的本分，但转瞬即逝，他在这个阶段健康、快乐、开心地工作，生活也充满了欢乐，接下来是驴子般的十八年，这时，生活的负担压在肩上，他必须辛勤地劳作养活他人，他这种踏实的服务换来的却是拳打和脚踢。然后是狗的十二年，这时他失去了利齿，咬不到东西，只能躺在墙脚忿忿不平地低吼。这痛苦的日子过后，他以猴子般的生活结束了最后的岁月，这时他傻头傻脑，糊里糊涂，成了孩子们捉弄、嘲笑的对象。"

而《关于晚年的讲话》中的雄辩和人生智慧与这种值得同情的生命终点形成对比。格林并不否认体力障碍，如听力及视力下降。对此他并没有抱怨，而是突出强调其积极方面：眼盲"常常可使感觉"细化到"入微程度"，"使人似乎能用指尖看到一切"；"耳聋的人味觉和嗅觉应比其他人更强"（313）。他还更进一步地提及了其他显著优势，"温柔、和气、愉快、勇敢、热爱工作"（318）。此外，还有"不断成长，不断巩固的自由的品质"（320），还有"之前生命中没有的……平和和满足"。要是老天允许哪个人活到高龄，"当他接近生命最后阶段，不需抱怨"，相反，他可以"用平静的忧伤回顾过往……好像坐在他房门前的长椅上，回顾曾经度过的岁月"（310）。在这样明朗宁静的赞美中，晚年的慰藉比晚年的悲叹更加光彩夺目。

恩斯特·布洛赫：收获的季节

下面这个典范差不多把我们带到当下，而且与格林不同，它带来了新的视角。恩斯特·布洛赫（Ernst Bloch）真正伟大的著作是《希望的原理》（*Das Prinzip Hoffnung*）①，针对这一题目，他并没有过多谈到老年人的积极和消极方面，也没有谈到老年人自己怎样生活，或别人怎样对待他们。他重新提出了富有经历的老年学说，这一学说既不是以经验为依据，也不是基于规范研究，而是像从前叔本华和格林一样，引入了第三种语言情态，祈愿语气（Optativ），即继"存在（Sein）"和"应该（Sollen）"之后还有"能（Können）"。布洛赫并不是在谈论老年的角色，既不是谈实际角色，也不是谈道德上应该扮演的角色。该书主要部分"小小白日梦（Kleine Tagträume）"在具体的章标题中更确切表达了相关内容："年老的时

---

① 也有版本译作《希望的原则》。

候留下的愿望"（Bd. I, 37-44）。

布洛赫承认"合理的恐惧"："身体恢复得不像从前那么快，做什么事都要加倍努力。工作不再是手到擒来，经济上的不确定性比从前更大。"但他并不主张禁欲，而是与叔本华类似，主张伊壁鸠鲁式的愉悦生活，也就是"回顾和收获"，还有"美酒和钱袋"，即生活享受与经济收入（"老酒鬼看起来比老情人更美"，布洛赫对这句话的注释是否合理先不作讨论）。

首先我们的哲学家承认，年老阶段是"非常负面"的："青少年和日常环境分裂，并与之抗争；……但老年人，高龄老人，如果他们对这世界感到愤怒，他们并不像年轻人一样反抗这世界，却有着闷闷不乐的危险，嘟嘟囔囔发牢骚，并跟人争论。"因此年老时总是盛行"听天由命，不是告别生命中的一个阶段"，"而是告别漫长的生命本身"。

接下来是由贬损晚年向赞美晚年的转折。文字一改压抑，转而谈机会，将晚年看作理想景象及收获。作为受过高等教育的作者，布洛赫"当然"了解格林的《关于晚年的讲话》；他引用了广为人知的伏尔泰,并证实他自己对于晚年的看法与近代早期的观念,甚至与古代的观念,如和西塞罗的不谋而合。与此同时,他将现代社会政治主导下的穷人和富人进行了对比:"伏尔泰说,对于文盲来说,晚年就如冬天,对于有学问的人来说,却是收获和酝酿。"布洛赫所重视的不仅仅局限于一小群科学家和哲学家,他认为人应在青少年时进行精神投资,这样才能在晚年得到回报——反过来,过早放弃投资的人,到晚年将无法消费。

紧接着是"晚年理想的健康形象",一种精细的成熟:"给予比索取让人心里更舒服。"这也包括1970年由西蒙娜·德·波伏娃(Simone de Beauvoir)重新发现的,"允许被生活折磨得疲惫不堪",对安逸闲适的向往,对平静的热爱,还有一种智慧,这种智慧与西塞罗的"有效地应对渐渐消失的记忆"相辅相成,也就是"看到重要的,忘却不重要的"的能力。

本真:即使到了晚年也要"做自己"

我们所认为的生活中最重要的事,在一生

中往往会发生变化。这个事实引发一个问题，即何时我们才能最接近"自我（ich selbst）"，也就是最大限度地做一个最真实的人：真正地且可靠地生活，从前我们叫"真实地（eigentlich）"，现在我们叫"本真地（authentisch）"生活。

所谓的"最好的岁月"可能会让我们一下子想到所谓的花季，而几乎不会想到晚年。如果我们回顾一下老年研究的前期学术见解，就会形成重大思考。在不否认衰退的前提下，西塞罗和歌德、格林、叔本华还有布洛赫都突出强调了晚年所保留的生命价值。他们甚至发现了一些优点：更丰富的经验，愉悦的宁静，抛开不重要的事情，专注于本质，更重要的是进入生命的收获期。理想状态下，我们如醇酒一般：随着年龄的增长获得个性，浑身散发经验的光芒。

即使那些认为这种理想不切实际的人也必须承认，发展以及改变是人的一生不可或缺的，因此我们要从内心，从各个发展阶段中审视，没有任何一个阶段的"做自己（Ich-selbst-sein）"是占绝对优势的。

人的特殊之处在于需要学习，并且也能够学习。这两种特性在童年已经出现，并且童年时可能已达到最高点，如果这一点成立的话，那么这些特性很早就开始减弱，毫无疑问在所谓的花季已经开始走下坡路了。

由于我们到老都一直需要学习，并能够学习，对于更具现实意义的"做自己"，对于更高程度的本真来说，我们很难将其归为某些必然的发展和过渡阶段。

婴儿首先要摆脱怕生阶段，然后是叛逆期，要摆脱与亲密的人最初的共栖，通常这个人是母亲。在青春期，孩子通常经历各种痛苦才能成长为成年人。在创造的高潮点，许多人都陷入所谓的中年危机。若发生严重事故或确诊患有无法治愈的疾病，失去伴侣或孩子，或失去一份难以替代的工作，我们也会受危机所困。

一生中最后两个阶段总会在某个时候到来，现在到来得比前几代要晚一些，先是从工作到退休，然后再到需要护理的阶段。在生命最后阶段，则必须面对死亡。

人的一生何时最早出现"自我"，针对这么

多波段式的变化,这一问题太不合时宜了。将"自我"这一想法具象化则更为明了。可以谨慎地问:我们为什么只能说"本真的童年",渴望回到童年,为什么不说"本真的青春时代"?尽管由于青春期众所周知的艰难蜕变,很少有人愿意再经历一次青春期。相应的,老年人也可以谈到一个可信赖的"自我",一个"本真的晚年"。即使到了生命最后阶段,我们也会看到(第八章和第九章),谈"本真的死亡"并不是毫无意义的。

即使是患有痴呆症的病人已经大大丧失了辨识力,他们也完全能得到满足,所以他们的生活质量根本没有消失。例如,一个著名的知识分子可以很开心地在农庄上喂牛,吃着可口的食物,虽然他从前的智力和雄辩天赋所剩无几,却根本谈不上完全丧失生活质量。是否可以谈"做自己",我们最好把这个问题先搁置一下。

第六章　有尊严地、愉快地变老

变老是要学习的

因为老年人对社会来说是一种收益，所有人都有其自身价值，所以老年哲学的核心问题是，如何尽可能有尊严地、快乐幸福地变老（Möller 2001，Rentsch/Zimmermann/Kruse 2013）。

我们老年艺术的榜样所指明的是愉悦的平静，马克斯·韦伯（Max Weber）能在给他太太玛丽安娜（Marianne）女士的献词中对他的生活伴侣，甚至对自己一直达到静寂无力的"高龄"进行高度评价，这种能力其实并不是天生就有的。韦伯必须学习才能获得这种能力，而学习并不容易，所以我们也并不期望每个人都能做到。如俗话所说，老年人也难保不做蠢事，多数人在晚年都闷闷不乐、愤世嫉俗，或冷酷无情，其背后却常常隐藏着恐惧：时光飞逝，我们孤独地变老，最好的情况不过是在一所养老院里，经受尘世的炼狱，经历社会性的早死。说得委婉一点儿："在没有爱的庇护下变老，是多么痛苦。"

在晚年大家都想长寿，却不喜欢变老，其中一个原因就是在各个生命阶段都面临的危险。为防止这种社会性的早死，我们可以引用世界闻名的德国作家赫尔曼·黑塞（Hermann Hesse）的话说，"伴随成熟，我们将越来越年轻"（Hesse 1990），但我们也要认识到，"老年和年轻一样，是个美丽而神圣的使命"，还有"以一种体面的方式变老，拥有与我们年龄相宜的态度和智慧，是一种艰难的艺术"。因为老年的平静并不是凭空产生的。大自然绝不会赐予人类生命以智慧，来补偿僵硬的关节和健忘的大脑。这一智慧，须我们自己辛苦努力而获得。

戈特弗里德·贝恩在他的演讲《艺术家的

变老问题》(*Altern als Problem für Künstler*)中提出了对变老的见解,歌德在他的《格言与反思》中也说到了这一见解(这里有缩略):"变老意味着所有行为方式的改变,我们或者停止行动,或者有意识地接受新角色。"(Nr.259)用一位经验丰富的养老院主管的话来说:"懦夫不适合变老。"歌德也说:"当我们老了,要做的事比年轻时多多了。"(Nr.521)

这时我们所需的学习并不是学术性的,并不像研究音乐史或工程学,而是生活实践,通过练习或训练获得,如学一门乐器、一门手艺或一种语言这样的方式。从科学角度看,这些训练与消退学说并不相符,消退学说聚焦于体力、精神、社会和情感力量的消退。虽然这种学说用来反对老年幸福学说是合理的,但如果被绝对化,那就没什么价值了。有益于老年的学说专注于发展与年龄相符的利益与关系。这些学说思考的问题是:尽管晚年有各种艰辛,我们怎样才能利用剩余的潜能和机会?有益于老年的学说旨在让人直到高龄还能对生活满意,来享受"晚年的幸福"。

生活智者的建议:"四个 L"

老年艺术也像一般艺术一样,既没有哲学的,也没有科学的妙方。每个人的天赋和兴趣不同,每个人都可寻找自己的道路,但可以接受普遍性指导。

老话说的"身心健康(mens sana in corpore sano)"让我们联想到多个维度,包括四个方面。人有运动器官,许多工作狂随着年龄增长而忽略掉运动器官。人还有永不生锈的精神,人是社会生物,就情感来说,还有灵魂,灵魂喜欢开心而不喜欢烦恼。如果灵魂被忽视,即可验证歌德痛苦的观点:"灵魂必须通过眼睛(这里指身体)去看,如果眼睛黯淡无神,那么整个世界都会下雨。"(Brief an Augustin Trapp, 28. Juli 1770)

从孩童到青少年,我们在一生中通过相应的活动培养许多能力,在这四个方面(还需补充健康的饮食和充足的睡眠),我们要依靠这些能力才能生活。到了晚年,尤其是高龄,身体失去了活力,于是老年艺术第一个和最重要的策略就是重视这四个方面中的每一个,因为这四个方面并不是各自独立的,也不是可彼此取代的,而是相互影响、相互作用的。老年艺术的首要策略并不是重视其中一方面,然后再将这方面最大化,而是考虑所有四个方面,并尽力寻求共同点,整合优化。这一策略确保适当激活身体的和精神的,以及情感和社会的能力。四个 L——Lauf(运动)、Lernen(学习)、Liebe(爱)、Lache(笑)(Höffe 2010,Wick 2008)——结合在一起,如果能及时开始,就有助于形成可观的身体及精神、社会及情感的资本。

这四项活动有各自的意义,适当并因人而异地进行就会带来愉悦。哲学涉及的是内在固有的价值,与这种价值相伴的当然是一种外在优点,一种附加功用:这四个 L 对抗晚年的衰弱的方式就是将它推迟到更远的未来。几个世纪以来,作家和画家们——如卢卡斯·克拉纳赫(Lucas Cranach)——一直在寻找"青春之泉",而自从培根的科学技术乌托邦《新亚特兰提斯》(*Neu-Atlantis*,1627)以来,科学就开始借助药物帮助来实现这一理想。在不否认药物价值的同时，经验表明了科研所证实的：我们很大程度上是在自身和自己内心找到对抗晚年的力量的。

如第五章所指出的，关于四个L，西塞罗早就有所了解。他谈到身体和精神训练，以及开放自我以获得更大的社交空间，包括几代人之间无忧无虑的对话。

把西塞罗放在一边，我们看看第一个L，也就是运动，它指的是运动系统的活动。无论是徒步、游泳还是骑车，无论是踢足球还是打手球、网球、高尔夫球，无论是去健身房，去滑雪，还是练瑜伽、气功、太极，还是练功夫或其他东亚防御术——运动都会加强肌肉，激活肌腱、筋膜，对抗关节疾病。此外，如果我们不过度训练或服兴奋剂，运动还可以对抗危害健康的重大疾病，如糖尿病、心血管疾病、高血压、肥胖和肾虚。

运动还会缓解烦恼以及职业压力，也能联系到第四个L（笑）。如果适度进行，运动就会让我们放松、愉悦甚至享受，尽管有不可避免的劳累，到最后却感到巨大的幸福。另外一个用途是化妆及疗养无法取代的：运动可真正抗衰老。当然这并不意味着我们不会衰老，而是大大延长了具有高生活品质的生命。

第二个L——学习——也并没什么不同，教育是避免不必要的快速衰老的有效途径之一。拥有书籍并每天阅读超过30分钟的人预期寿命约可延长两年。教育增加了大脑中的"关联"，更能对抗痴呆。能以经济但可持续观点思考的人就能够认识到：我们在阅读中投入的时间，最终都会在延长的生命中得到回报。

众所周知，学习一开始是教育和培训，然后是进修、深造。学习可延伸到与专业无关的阅读，突出表现在学习乐器或外语中，还表现在文化旅游中，在民间大学课程中，在老人大学中。在一幅玛土撒拉的草图中，画家戈雅配上了一句话："我还在学习（aún aprendo）。"学习还有个附加用途，即能对抗压力和烦恼，因此无须沉醉于老年病学救赎的幻想中，学习也拥有抗衰效果。此外，还可借此逃避无聊和孤独。

经验告诉我们，年龄越大，身体越依赖于

头脑和精神,精神也表现在人生智慧的自我评价能力上。对名为"Happy Aging"①的面霜推崇备至的人虽然不能否认皱纹出现,却在努力延缓衰老过程之余增添了一种自嘲式的心理暗示。这使得年龄不用皱纹数量来计算,而是用剩余的生命活力来测量。但我们不可以太过于自嘲,否则会有被挖苦的危险:"我们爱你,我们喜欢你 / 不过还是不要太矫情了吧。"

第三个 L——爱——说的是丰富多彩的社会关系,从伴侣关系延伸到亲戚、朋友,还包括和他人一起参加运动协会、乐队、合唱团和徒步组织等。我们在所有这些形式中培养最重要的"美德"——友谊,在合理范围内对抗衰老。认可以及被爱的感觉比许多药物更有效。

人生智者建议,不要觉得工作生涯的结束太突然。要及时培养高品位的兴趣爱好,这样才不至于七天都是周末。丰富多彩的志愿工作和民间社会工作也同样重要,它们可给每个人提供适当的发展机会,以及得到认可和建立自尊的机会。

---

① 德国天然护肤品牌 Martina Gebhardt 的抗衰老系列产品。

第四个L——笑——防止我们一味顽固、自以为是和苦闷，让我们保持愉悦。笑代表人的情感方面，代表放松、热爱生活、有生活的乐趣。驾驭情感而不是一味地发牢骚和放纵坏脾气，这样，我们到生命终点时就可以说："真好！"在此，在充满情感的生活中，很幸运，笑也有附加功能，即具有一部分的抗衰作用。比较一下一张愤怒的脸和一张放松的脸：微笑是最好的化妆品，或者用一句诗来说，"笑是灵魂的音乐"。

我们必须尽早开始实施这四个L。当然，无论是早熟还是不谙世事，我们都应该在年轻时想到晚年，但这并不是主要原因。真正的原因是，我们要开始积累资本，开始积累身体和精神上的资源和美好的回忆，而且年龄的增长越来越要求我们有克服痛苦经历的能力，我们也要开始培养这些能力，然后才能赢得收益。当然，反之亦然。年轻时过分消耗健康的人，以后就会为这种生活方式付出代价。

社会伦理要求

按照义务属性来说，与四个L相关的建议

完全是针对自身的义务，而不是针对他人的，所以属于个人伦理范畴，并不属于今天著名的社会伦理。确切地说，这并不是真正的道德义务，不是绝对有效的、明确的命令，而仅仅是致力于自身福祉的实际要求。

伴随着明智的生活艺术的建议而来的是真正的道德义务，道德义务属于社会伦理范畴。而其中主要的义务伦理学传统上分为两部分，一部分是针对自身的义务，是为了完善自身，另一部分是针对周围的人的义务。另外，这种完美的、毫无例外的、互相承担的义务要区别于或多或少不完美的，且追求回报的道德义务。以下思考只专注于针对他人的，并在此范围内互相承担的义务，也就是政治共同体内针对老年人的义务，总体来说，也称为公平、公正。

第一条老年学原则（gerontologisches Gebot），同时也是最基本的义务伦理就是尊老敬老。我们首先可以凭所谓的经验，并以跨文化的认知来证明其合理性：所有文化都是这样的，这一义务属于人类共同的道德遗产。这一义务不仅出现在《圣经》十诫中第二诫的第一条，这一条并没有强调宗教，而且也出现在与宗教无关的告示板上："当孝敬父母，使你的日子在耶和华你神所赐你的地上得以长久"（《出埃及记》20：12，另参阅《申命记》5：16）。类似的诫命也出现在孔子的话语中（《论语·里仁第四》），《古兰经》（6：151）中也有。

这条诫命的道德等级决定了这是一个值得赞美的义务，也是一个应尽的义务。在第一种情况下，也就是在一种强烈的无私中，义务弱化为一种慈悲，这种慈悲我们也可以不给予。因此，听起来与十诫中的劝诫相似，对自身的、理性的自我利益的呼吁是值得推荐的：我们尊敬父母，是为了让我们自己更长寿、更安康。

也许这种"自私"会与很多带着无私色彩的观点相悖。我们应该有同情心，应该仁慈，这也是值得尊重的，可惜我们时常做不到，却用谦卑来为自己辩白。但因为这一诫命并不只在犹太教和基督教文化中被认可，我们应该认为这一诫命的核心有着忘我之外的动机。

为了使之不至于沦为一种恩赐，我们应该

进行"价值重估",承认老年人公平、公正的权利。然后证明尊敬老年人这一义务是相互的,也就是一种交换:并不是单方面恩赐,而是也期待着回报,其中,无论是施与还是回报都不应以一种物质形式来表现。这种交换过程绝不是在经济范围内进行的。

进化生物学关于衰老的研究核心可以用一个问题来概括,即为什么某些物种成员在分娩和生育之后还能活那么久。女性在生殖后的预期寿命非常高。迄今为止最有说服力的答案是,这有助于确保她们后代的生存,这在今天的祖父母身上还清晰可见:祖父母守护孙儿辈,偶尔助力做做家务、打理花园,也时不时地给家里一点补贴。而且他们常常承担一些自己家庭外的社会活动。

此外,还有间接帮助:父母提供关系,帮助孩子升职或找房子。他们也向后代传授经验,就算只是无言的,比如这句话是这样评论某位老妇人的画像的:"没有化妆的人。他们经历了生命中所有欢乐、困苦和失望。这一点上他们胜过我们。"看看老人满脸的经验和善意、宽容,也许还有幽默，这会帮助我们及时学习变老。

调查研究表明，在西方，老年病学的第一原则面临危机：我们对老年人毫无顾忌，不愿意提供帮助，有剥夺他们的行为能力的趋势。我们对此可以进行公平的讨论，更进一步说，对互换理论进行探讨：众所周知，人来到这个世界上，一直到成为独立、自我负责的成年人，都极其需要帮助，需要许多年多方面的关怀和支持。到了老年，尤其是高龄，我们也需要帮助，只不过是另外的方式。

一方面孩子可以成长，另一方面，需要帮助的老人可以有尊严地老去，双方都希望各自的弱点不被利用。因此，对中间一代来说，最好对老年人既不要滥用力量上的优势，也不要对需要帮助的人无动于衷。因为一朝他们自己变老，自然也不想失去自己的力量，不想中间一代对他们置之不理。因此，以跨代的观点来看，在不同年代人中交流时，重要的是公平、公正，而不是同情。由此得出老年基本原则的另一种形式，即第二条老年学原则：孩子不愿意看到自己的身体和精神、灵性上的弱点被滥用，我们作为成年人也同样不可以滥用老年人的身体、情感和认知的弱点。

由于相应的交换存在时间上的延迟，因此存在类似无票乘车的危险：长大了的孩子已经在享受延迟到来的交换的好处，却拒绝承担代际交换所要求的义务，拒绝帮助需要照顾的老年人。第三条老年学原则可以让我们逃离这种危险，并可在跨越几代人的长期基础上建立代际交换的共同优势。比方说，在教育中培养"从公平、公正中产生的感恩"：由于在儿童和青少年时期从年长的人那里，也就是从父母那里得到各种帮助，我们就会对他们心存感激，并自愿尊敬他们。或者我们不再相信自愿，而是通过执行机构，具体如社会福利国家通过相关社会保险，或者通过家庭护理和养老院之类的社会福利机构为老年人承担起责任。不过如果个人的感恩因此而消失殆尽，当然是很令人遗憾的。

交换在时间上的延迟有两个层面。在消极交换中，我们放弃相互的自由以换取互不使用暴力；在积极交换中，我们交换义务。第二种交换对双方都是有益的，它符合所有人的自身利益，同时也是公正的。重建这种合理性是基于人类学事实，即人类是毫无能力，而且也是非常无助地出生的，到相对自立了很长时间后又一次感到无助。因此，人类在生命的两个阶段，即生命开始和结束阶段，都需要帮助。根据互利的合法性模式，我们可以得出另外一个公平的义务，作为第二条原则的另外一种形式，也就是第四条老年学原则：在生命最初得到的帮助要通过帮助老年人来回报。

人口结构改变的一个方面，即年轻人的缺失产生了一个问题：年轻人越来越少，他们将来不仅要负担养老金，而且还要照顾老年人，所以最好刺激志愿工作来进行援助。例如，能在今天提供护理服务的人，包括服务于自己的孙辈，将来就可以要求得到护理服务。相反，那些提供不了的人，则要支付经济补偿。

老年伦理的黄金法则

另外一个问题是，老年人权利被剥夺，交换理论似乎没有合理性。因为这里不是讨论

"是否"援助，而是"如何"援助的问题，这一援助不可以降级为经济交易，即单纯的交换。毫无疑问，在与老年人相处中需要道德上的姿态：理解、关怀和耐心。虽然服务业也要求这种态度，但在通常的交易中却被认为是多余的。如何进行代际间交换却基于另外一个观点。

对孩子来说，帮助的"事实"只需以交换理论来合法化，而"如何"帮助却要从寻求帮助的人的需求出发，也就是说要以老年人的需求为导向。我们可以用长期以来得到公认的以儿童为中心的教育理论进行类推，得出另外一个原则——第五条老年学原则，即"以老年人为中心"的老年学的要求。如老年社会伦理的黄金法则所说："当你是孩子的时候，你不希望别人怎样对待你，你就不要这样对待老人！"

正如儿童和青少年需要亲切关怀、精神激励和社会交往，老年人所需的也不仅仅是食物、衣物、床和医护帮助。孩子想尽早行使许多权利，老年人也想更久并更广泛地保留他们的权利，既在内心里，也在空间上。我们为年轻人配备游乐场、学校和体育设备，同理也应按照老年人的年龄创造合适的空间，例如社区设施和"自助集合点"，甚至是老年大学。最后，养老院不应被建成"老年人的幼儿园"，除了向失去权利的人进行刻板的问候别无所长："嗨，您今天感觉怎么样呢，奶奶？"

即使是孩子和青少年，我们也尽可能以平等的方式对待他们，至少不带那么多的权威，老年人也应该被这样对待。我们需要一种"脱离权威的老年学"，这是由老年伦理的黄金法则所证实的："老年时想怎样被别人对待，现在就怎样对待老年人！"

童话《爷爷和孙子》提供了一个典型：儿子和媳妇先是一起把颤巍巍的老人赶下了饭桌，然后给了他一只木碗，最后又不得不把他接了回来，因为四岁的孙子做了一只小木碗，说，"等我长大了，爸爸妈妈要用这个碗吃饭"。孙子以此告诉父母，他们也会变老，甚至会老态龙钟，也是颤巍巍的，在这种情况下，他们也不想像爷爷这样被无情地驱逐。

这一要求与另外一个要求，也就是与第六条老年学原则相关：未来的社会和城市必须"尽可能地按照人的年龄"来建设，社会和城市不仅要满足孩子的需求，也要满足其他几代人的利益。

其他老年学原则

毫无疑问，老年伦理的黄金法则与经济是冲突的，胃饲管的使用就是一个很清楚的例子。根据《德意志医学周刊》(*Deutsches Ärzteblatt*)，每年所插的14万根胃饲管——从那时到现在情况并没有好转——有三分之二是供给住在养老院的人使用的（Synofzik/Marckmann 2007）。更人性化的做法当然是亲自来喂食，并不只是输送营养，而且也要给予情感和社会的关怀。老年医学的第七条老年学原则：那些叫不出名字的设备不可以替代人文关怀。至关重要的护理行为如喂食、清洗、换药、拭泪不能全都交给机器来做。这当然需要人力，因此，正如奥地利剧作家约翰·内斯特罗（Johann Nestroy）所说："腓尼基人发明了钱，可是为什么发明得那么少？"

与之前说的几条相连的还有一个原则。老年人毫无疑问拥有一项古老的权利，即将一些东西传给后人。这里所说的并不是在经济短缺情况下的物质财富，而应当想到"人类的财富"：这里有生活经验，也有人生智慧，还有讲述能力（例如作为时代见证人）——这一能力赋予当代一个历史的深度。

但是我们也可以向同龄人讲述，互相讲述生活的故事，由此还可以建立新的关系。当然，人到了老年，那些早就存在的事很少发生变化，许多人更愿意讲述，而不愿意倾听。愿意倾听的人总是会面临下面这样的问题，正如英国作家乔纳森·斯威夫特在给老年人的文章中所写的那样，也像我100岁的姑奶奶埃尔泽对小她20多岁的继妹所说的那样："安妮，别说了，你总是讲同样的事。"一个人如果没什么新东西可讲，为什么不听听别人说的呢？为此必须保留一种能力，而这种能力在老年时通常不会下降，那就是"好奇心（curiositas）"，更进一步说，就是求知欲。

学习过程的模式

除了对别人的义务，道德哲学也有对自己

的义务，其中就包括让自己完善的义务（例如康德在《德性论》①导论第四、五节所讨论的那样）。学会有尊严地老去无疑是其中之一，这里并不仅是人生智慧的忠告，而是一种真正的道德原则，在康德的概念中是一种绝对的命令。每个人都有自己的特点，所需的学习过程有巨大差异。但经验表明，该过程大概有三个阶段（Auer ⁴1996），我们可以将此设想为辩证的三步。

第一阶段，一定程度上也可以说是"自暴自弃地变老"，让我们感受到自身力量和社会关系的消失，特别是感受到了衰弱。在对衰弱本质的探讨中，我们借克里斯托斯·济奥尔卡（Christos Tsiolka）的小说《只是一个耳光》（*Nur eine Ohrfeige*，2012，370）中的一个人物之口来说："生命过得太快，令人诅咒的死亡却太长久。"擅长讽刺的人甚至认为年轻人在挥霍他们的青春。

---

① 《德性论》(*Tugendlehre*，全称 *Metaphysische Anfangs-gründe der Tugendlehre*)，为《道德形而上学》(*Metaphysik der Sitten*) 的第二部。——编者注

在第一阶段，人到老年就恰似得了传染病，我们一开始并没有意识到，所以也没有防护，也没有服用任何必要的药物。在与真正的传染病的比较中，我们当然不能忽视它们的本质区别：我们可以从感染中恢复过来，却永远不能从老年中恢复过来，因此，用心理学语言来说，自我价值感不可避免地减弱了。

衰老不可避免，对此的认识却不必总是痛苦的。因为在第二阶段，作为前者的反命题（Antithese），我们可以将内部衰弱学说转化为有益于老年的学说，而这并不是胡说八道。与年龄相符的利益和关系并不由外部权威赋予，而是必须符合自身的愿望和可能性，能为这样的利益和关系而努力的人就能成功实现"明智、圆满地变老"。这一变老的原则出现在老年艺术所勾勒的典范中：摆脱竞争和职业的束缚，那么成功无论多少都无所谓。当我们认识到我们不必向任何人证明自己，就会感觉年轻，这甚至让很多年轻人满是羡慕、嫉妒。经验表明，回顾我们的一生，很少有人会遗憾事业上的不成功。更令人遗憾的往往是没有为家人和亲密的朋友花更多时间。因为清廉、自尊、善良和幽默在这时候显得更重要。

当然，布洛赫在《理想形象一瞥，还有收获》(*Wunschbild Überblick, gegebenenfalls Ernte*)中提供了另外一种选择：近60岁的歌德在《西东诗集》(*West-östlicher Divan*)的《礼物书》(*Schenkenbuch*)中期待着老特里亚斯（Trias）的"美酒、美女和歌唱"，这里称为"爱情、歌曲和饮酒"，即返老还童的力量。马丁·瓦尔泽（Martin Walser）的小说《极度恐惧》(*Angstblüte*)以反叛表达了抗拒衰老。这里讲述了一位精神矍铄的老人的60~71岁，不仅精神上，他身体上也生机勃勃，在今天根本不能被称为"老"。

最后，我们到达第三阶段，也就是一个综合命题（Synthese），"开创性地变老"，大概是某种完美结局。我们让生命的新阶段具有自身的特质，甚至能看到某种收获，并接受那些不可避免的事：剩余的日子已屈指可数，而我们只得毫无抱怨地走过去。

近来，媒体也服务于这种对待衰老的开创

性态度，例如他们出版了一份题为《给60岁以上的女性》(Für Frauen ab 60)的杂志，封面冠以这样的口号："变老意味着某种程度的解放。"即使没有暗示死亡，我们也很难否认死亡投下的阴影，死亡能扯平一切——死亡让一切都平等。

富有的、有名望或有权力的人可能会提出异议，他们愿意创造更多的社会关怀。但一个可能更重要的因素，即情感上的关注，却既不需要名望、权力，也不需要金钱。恰恰相反，对这个世界上伟大的人来说，从前的辉煌和晚年的低谷之间的落差是巨大的，可能比普通人要大得多。济奥尔卡又说：在晚年，我们可以"得到某种安宁"，因为所有人在晚年都会变得渺小，同样渺小——"只有在晚年时"，我们才能停留"在一个没有等级，没有势利，也没有复仇的世界中，而不是在工作中，不是在信仰中，也不是在政治中"(348)。

竞争和职业的束缚，以及竞争和职业中成堆的义务和完不成的挑战已经不复存在，我们不再是权力、金钱和名望的参与者，而是观望者，从前的成功对我们来说无所谓。常规的标准、社会地位、关系，还有金钱，甚至知识和能力都失去了意义。相反，所谓的人类美德登上舞台。

而在多大程度上能做到这些，则是另外一个问题。关于鲍尔萨泽·丹纳的老女人的肖像，女作家查蒂·史密斯这样写道："我看着她穿着带斑纹的皮衣、高贵的丝绸，在其中我看到，只要一被肉体抛弃，许多贵妇人就开始对奢侈品有着近乎顽固的执着。"（Smith 2017）我们在西尔维奥·布拉特（Silvio Blatter）的小说《十二秒的寂静》（*Zwölf Sekunden Stille*）中可以读到另外一个答案（2004，13）。小说中有一位82岁的资深出版人，他的老板在58岁生日时要辞职，老出版人对老板说："我了解对衰老的恐惧。我快60岁时，这恐惧也折磨着我……而现在，现在我却无所谓了；现在我知道，我是个老人了。"可是，布拉特接着写，他"在说这话时乐在其中"。

不可否认的是，我们不能保证永远有尊严而又快乐地变老，我们可以再温习一下曾经引用过的帕布罗·卡萨尔斯的话："年老根本就是相对的。如果我们继续工作，而且总是容易发现我们周围的美好，我们就会发现，年老并不一定就意味着衰老。"被赋予真正生活艺术的人会将生命视为艺术品，在年老时会显现岁月的积淀，具有与工业批量生产的产品截然不同的特质。这样我们就不会衰老，而是用一种更文雅的说法来说，德高望重。

第七章　高龄老人：老年医学中的老年艺术

今天许多人都享受到"赢得的时光",我们最好将老人区分为 60~80 岁或 60~85 岁的"年轻的老年人"以及 80 岁或 85 岁以上的"高龄老年人"。然而,特别老的老人(说得不文雅些:老家伙们)作为一个独立群体,并未受到传统老年艺术的关注。一些典型问题,如由于严重衰弱而依赖各种帮助,在从前或是并不重要,或是对于那些受过教育的中产阶层和上层社会的老年人来说是理所当然的事情,因为他们总配备有必要的服务人员。

自尊、自主、开创性地变老

对于高龄老人来说,变老的艺术有两个层

次的基本问题。我们如何有尊严地、幸福地变老？还有：针对高龄老人有哪些义务？答案既有社会伦理及其真正的道德义务，又有个人道德及人生智慧的忠告。

让我们先说说社会伦理：尽管高龄时个人生活环境发生了深刻变化，尽管出现了诸如严重的呼吸困难、出血、膀胱肌无力、水肿、营养失调，尽管活力减弱、摔倒、头昏眼花、急性意识混乱的危险不断提高，尽管骨质疏松、β-淀粉样蛋白潜伏在脑中，但这些现象"只是"边缘状况，需要因人而异的特殊治疗。社会伦理指导目标并不会改变；这一指导目标还是如曾经说过的老年艺术中的指导目标一样。

为了便于认知，我们应记住老年艺术的黄金法则：我们想自己高龄时怎样被别人对待，就应怎样对待高龄老人。这里的两项基本权利就是自尊和自主。尽管许多耄耋老人渐渐失去独立性，身体和精神都越来越需要进一步的帮助，但他们却不该乞求这些帮助，否则自尊就会受到伤害，这就违背了希波克拉底第一原则——为相关人士的福祉服务。

自主的权利是自尊的延续。就法律所说的人的意义，人是有归属能力的生物，可以在有效法律范围内按照自己的意愿生活，耄耋老人当然可以主宰自我，良知自由。这种权利到高龄绝不能废止。相反，在必要时，我们更要加强这种主宰自我的能力，如有必要，也应当帮助老人重新赢得这种权利。

如果主宰自我所需要的决断能力受限，甚至高度痴呆使之失去了判断能力，我们绝不可以将自己的生活意愿强加于老年人，而应作为无私的代理人来行事。虽然这样会产生很多困难，但不能因此免除我们认真努力的职责。这需要高度的同情和细腻的情感，需要同理心、善感性，如有必要，还要愿意花费时间进行个人关怀。

患者的遗愿可以帮助解决艰难的治疗问题，他们的家属也可以帮助解决这个问题，前提是这些家属不能与老人太疏远。相反，他们应该在近几年都与老人保持密切联系。只有在紧急情况下才可向（家庭）法院救助。对所有老人和其家人来说，指导原则是尽可能深远的、明确的或具启发性的自主。外在的正确权威即使再明智,也并不是至关重要的,至关重要的是老年人自己所希望的:经过成熟考虑认为正确的。

由于高龄老人需要帮助,相关伦理倾向于只考虑我们针对需要帮助的人的义务。事实上,需要帮助的人自身也有社会义务。其中有广义的法律义务,就是诚实地对待提供帮助的人。特别是不能为了得到更多的关怀而假装或模仿衰弱。

也许更重要的是已经提及过的必要的感恩,感恩日常的医疗和护理。即使是应该提供的帮助也是值得感恩的。最后,开创性地变老依然必要。我们按照雅各布·格林提供的典范,即使在耄耋之年也要试图看到某些优点,例如终于可以从各种责任中解脱出来。我们毫无抱怨、毫不回避地接受那些不可避免的事情。正是这些才成就了自尊和自主。这两项基本原则不仅是他人所必须承认的基本权利,以高龄老人的角度来看,也不仅是来自人生智慧的忠告。开创性地变老有助于维护自尊和自主,所以这里也涉及人对自己的(基本)义务。

多方面的帮助

通常亲属方面会提供给高龄老人帮助。这些亲属往往自己也到了退休年龄，不仅要顺便帮助自己的孩子，还要帮助自己的父母购物、支付账单、报税，以及耐心而尽力忍受父母的健忘。他们常常护理别人，因此获得了相当可观的知识和能力，所以，我们常说的"我们生活在自私的时代"这样的话还是省省吧。

就算这样的援助来自相关职业群体，如医护人员、社会工作人员、职业治疗师、理疗康复师，但由于高龄老人精神、情感和社会能力较低，所以对于他们来说，既不能有太多的护理者，也不能总更换护理者。

受过思想史教育的人这时可能会想到"奥卡姆剃刀"①，根据这项原则，我们应该放弃那些对于解释世界来说可有可无的事物、概念或原则。关于老年人，这种节约的原则会成为人事

---

① 即简约法则，是14世纪逻辑学家、圣方济各会修士奥卡姆的威廉提出的一个解决问题的法则，他在《箴言书注》中说："切勿浪费较多的东西去做，用较少的东西，同样可以做好的事情。"

政策原则。在专业的老年援助中,由于需要专业化,工作可能会由不同的人来分担。对于高龄老人来说,这却使他们困惑,甚至会使他们觉得蒙受了耻辱。

老年不是一种疾病,老年医学是生活的学问

我们拿相关专业领域的例子来定义老年医学:心脏病专家治疗心脏病患者,眼科医生治疗眼疾患者,足科医生治疗足部疾病患者……如果治疗取得成功,那么相应病科的患者就得到治愈。老年病医学的对象是年老的人,如果老年病医学也按照这种标准设定目标,则基本上可以判定是失败了。因为衰老不是一种可以被治愈的疾病。它不像某些恶性癌症那样是不可治愈的疾病,而是一种自然的生命阶段。①

有一个原因告诉我们,为什么我们的生命不可以无限延伸:造血干细胞功能渐渐丧失,尤其是形成免疫细胞过程中,造血能力渐渐下

---

① 关于老年医学保健的特殊性,请参阅国家科学院(Leopoldina)2015年年鉴。——原注

降，因此年龄越大，患恶性肿瘤（癌症）的危险就越高。无论人活多大年龄，终有一死。人们因车祸、心脏病或中风而死亡，却并不是因年老而死亡。相反，我们说，人们在晚年死去，却是死于某种疾病、意外，被人所杀，又或自杀。

人在老年时死去，却并不是因年老而死，所以老年病专家无须追逐以自然科学为基础的不老泉梦想，完全取得治疗的成功，而只需治疗老年经常出现的疾病。大多数情况下，他们也只能阻止疾病迅速发展，此外，缓解疼痛和其他症状，通过预防和复健来帮助老人在一定限度内获得独立的生活。倘若将衰老解释为疾病，这样在人类学意义上它还必须是一种遗传疾病，因而所有人好比遭受着所谓的原罪的折磨，这种解释当然是无稽之谈。

任何有晚近思想史基础知识的人都会提出异议，像克尔凯郭尔（Kierkegaard）这样著名的思想家也说过致死的"疾病"，我们可以这样认为，这种疾病显然会在高龄突然发作。克尔凯郭尔是神学家和哲学家，但并不是老年病专家，在《致死的疾病》（Sygdommen til Døden，1849）一书中所指的并不是年老，正如马丁·海德格尔在他的主要著作《存在与时间》（Sein und Zeit，1927，第二篇）谈到"向死而生"也并不是指年老。这两位思想家的主张建立在人类的基础上，这对老年医学具体工作来说作用微乎其微——但与某些无尽的幻想不同，他们承认，人虽然生活方式聪明，尽管有最好的医疗保健，也终归会死。

克尔凯郭尔所指的并不是"人类生命发展中的一个阶段"，也并不是某种人生的上升之后的再下降。他所指的是与所有的生物有限性无关的精神疾病，这种疾病与死亡不同，甚至还能被治愈。他认为，人的存在有两种错误形式，即享乐的美学存在（如唐璜）和自由的伦理存在（如苏格拉底）。如果人陷入其中任何一种错误形式，在职业、婚姻及友谊中实现它，就会生病。相反，能够选择真正的存在，在生命中选择相信基督的人，就会突破生物医学上不可能的现象，这些人将能克服致死疾病。

另外，在并不回避必须死亡的前提下，医

生和护理人员应将自己的职业明确理解为活着的学问，而不是死亡的学问。这并不要求遵循歌德和席勒的私人医生克里斯托夫·威廉·胡费兰（Christoph Wilhelm Hufeland）的原则，甚至在根本没有希望时，还给他们以希望。这里所说的另有所指：无论是在家庭内部还是在社会中，抑或是医疗上，也就是老年病医学上，老年人都不必担心成为其他人的负担，或担心费用太高而被赶出去。另外我们还不要忘记，人就是易受伤和脆弱的，这是人之所以为人的重要因素。

经济 vs 伦理

和人类生活的许多领域一样，医学也受制于经济的指令。但这并不能废除道德的要求。正如开头所提到的，道德要求可能会与经济原则相悖——医生欲施以援助，而商人却想节约人力和金钱——所以老年医学和其他医学原则一样囿于经济的指令。

我们探讨的相关的冲突领域也包括尖端医学机构在内，这样的机构，即大学医学院，也负责老年医学。大学医学院中，所有的医生和护理人员时间都特别紧迫，因此医院中一般存在这样的危险，即医院真的成了"生病的院所"（说得极端一些），在医院里，工作人员由于过度工作都疲惫不堪。

这种时间上的紧迫通常也延伸到设备、病床和医药上的短缺。开头提及的人类的简约法则使人们的许多愿望根本实现不了。然而，我们可以避免老年患者比年轻患者待遇差的问题。虽然乌苏拉·比尔曼（Ursula Biermann）印证了经济需求的压力，但我们却希望她的判断言过其实："老人无论如何都得死，医疗企业中每天丑闻不断。"（Biermann 2009）

如果老年医学在大学医学院中进行，那么就和其他大学医疗机构一样，要完成三个任务：最大限度的治疗，医生和专业人员的培训以及医学科研的进行。所有三个任务都要在最高程度上完成，即"卓越"。

道德的第一个要求是显而易见的，却并不平凡。老年病科室是否要求每个工作人员完成所有三个任务，还是只满足于其中两个任务，这个问题应当按实际情况决定。然而整个科室必须完成所有三项任务，并且在完成任务时要符合三个指导原则，即患者福祉、禁止伤害和自主权利，这是无可争议的。在教学中，伦理要求奉行"学生至上（salus studiosi suprema lex）"原则：最高法则存在于学生的福利中。在科研中，教学要求直接服务并只服务于真相，间接服务于诊断、治疗以及预防和康复。

培训和研究

第一个领域——培训——与老年艺术没什么关系，一个简短的评论就够了：老年病科室的助理医师和其他科室的一样，抱怨有经验的并能指导年轻人的医生太少了。年轻人对于高龄老人身体、灵魂和精神状况通常所知甚少，所以特别需要指导、引导和监控。对疑难病例进行详细讨论远远不够。好的老年病学的培训中，灵魂上、心理上的关怀是不可或缺的，这种关怀需要护理人员投入大量时间。

针对第二个领域——研究——我只谈到最近流行的一个新问题，即合适的载体。这个问题的诱因在伦理上引起高度争议：由于德国的生活水平超过它所能承受的标准，所以国家累积了大笔债务，伦理的一个核心领域，即对于子孙后代的公平、公正，正被一种医疗机构特有的方式所侵害——其中很多地方由于缩减国家医院补贴，所以需要大量投资。根据前"五贤人委员会"①成员伯特·吕鲁普（Bert Rürup）的观点，德国各州总计于1991年还提供了相当于36亿欧元的资金，而15年后却只有27亿欧元，具体计算下来实际上相当于减少了45%。

从前，德国医院有四种运营方式：(1) 教堂，(2) 社区，(3) 联邦州，(4) 公益基金会。大学医院则完全掌握在国家手中。由于缺乏投

---

① 德国联邦议院于1963年通过了《鉴定总体经济发展专家委员会组建法》，由五位在国内享有极高知名度的经济学家组成专家委员会，任务是分析国民经济的总体发展状况，诊断国民经济的未来发展问题和趋势，揭示达到经济增长、充分就业、价格稳定和外贸平衡四大总体经济目标的有效途径。专家委员会的国民经济鉴定工作是独立于政府和所有经济利益团体的，这些经济学家必须掌握特别的经济学知识，而且对国民经济的运作有经验，享有"五贤人委员会（Die fünf Wirtschaftsweisen）"的雅号。——编者注

资，一段时间以来，我们一直在尝试新模式。吉森（Gießen）和马尔堡（Marburg）就是以这种特例著称的，说得婉转一些，它就是一种"系统转换"，即将大学医院转交给私人运营者，由此可以对医院进行私人投资。

哲学伦理对私人运营者并不存在普遍的不信任，但坚持认为上述提及的任何一项任务都不能被忽视。众所周知，高级研究作为大学医院中不可或缺的任务，成本非常高，因此经济效益很低。例如汉堡博锐思法学院（Bucerius Law School）作为一所成功的私立法学院，虽然他们在教学和学生工作方面都超出平均水平太多，但科研却相当欠缺。如果没有公共领域的大力补贴，我们难道期待昂贵的医学科研能在各领域，尤其是在老年病领域中进行到底吗？

另外，卓越的科研应当收支平衡，清楚自己的可能性和局限性：我们可以允许药品广告给生命以承诺，如有些药品广告说，"可以治愈除相思病之外的所有疾病"。但这种狂妄在医学中不应该出现。

患者护理

患者护理是第三个任务，但绝不是第三等级的任务，内行的人会发现一个奇怪的现象：关于"卓越"，医院主管只能想到科研。难道在患者诊断和治疗中不能体现卓越吗？这个问题很天真。所有经验都表明，我们有优秀的、非常优秀的，甚至是天才的诊断医师。治疗方面也是如此，显然手术也是如此，老年病医学很可能也是如此。

对于老年患者护理的首要要求其实是很简单朴实的。这些要求包括众所周知的，却经常被忽略、被认为次要的美德，如细心周到、专注、细致缜密以及不间断的深造。

重大危险会出现在一些标准化方案中，据说这些标准化方案同时有三个目的：质量保证，可预测性和降低成本。然而，在标准化行为指导下，连非专业人士都在期待一种规范化管理，德国消化疾病和代谢疾病协会主席也谈到过，这种规范化管理可能更适用于老年病医学：我们以标准化方案来对待具体患者是很不公平的，因为患者往往很少只患上一种病。

当立法者要求医生做所有必须做的事情，却只支付给医生可怜的报酬，就制造了第二个问题，即社会伦理问题。这在其他地方被称为"正义漏洞"。还有我们要求助理医师无休止地加班，却只有一小部分是带薪的，同样违反公平原则。

第三个问题在于经济效益驱动下的发展，这种发展可能会压制老年病学：对于综合医院来说，那些年轻的，实质上比较健康的患者才是有利可图的，他们只是做一些择期手术，如做膀胱镜、关节镜、胃镜等内窥镜手术，不像老年病那样，通常需要旷日持久而又人力资源密集的治疗。

第四个问题又是存在于老年病学领域：为降低成本，在医院停留的时间被缩短。但老年患者常常由于多发病，需要很长的治疗时间。

此外，在老年病学中还有一个跟经济无关的问题，这一问题却与现实息息相关：医疗上每个可实施的措施是否都能有助于医学上主要的积极任务，有助于患者的福祉呢？通过与有经验的医生的谈话，即使是外行，患者也知道自己目前具体的病情，比方说，尽管活下来的机会很小，也准备进行最大化的外科急诊。类似情况还有，患者不久之后肯定死亡，尽管仪器诊断不可能再为接下来的疾病走向提供什么本质发现了，却一定要进行最大化的仪器诊断。另外还有不必要的泛泛的咨询：内科医生向麻醉师询问一些问题，如无法治愈的肿瘤患者是否还能承受麻醉，这些询问只能避免一些尴尬的谈话，避免谈及无意义的继续诊断和治疗措施。

所有这些情况下，我们认为，那些能进行最佳治疗，而不是进行最大限度治疗的医生是优秀的。最大限度意味着将某个特定事物最大化。老年医学中的老年艺术与人的生命没什么不同，往往也是涉及多个方面的。优化意味着考虑到不同方面，各方面进行权衡，作出整体最好的决定，而不是单一的决定。特别是在高龄老人这方面包含一种放弃的艺术，这种艺术需要决断力，需要老年医学的智慧，可以根据患者福祉来决定，哪些方面需要采取行动，哪些最好放弃。

这里所说的优化并不是因为资源短缺。在涉及最大限度治疗时，我们需要更多时间"优柔寡断一下"，以免盲从治疗途径，甚至不假思索地作出决定。采取有利于优化的措施，就会平衡"优柔寡断"的成本。然而，这并不取决于财务上的平衡，即有结余。比侧重成本更重要的是，我们迫切需要新导向的，不是最大限度专科专治的医生。就老年医学来说，跨学科至关重要，所以往这个新方向引导应该很容易。

本章将提出一个可预见的、有潜力的建议作为结束：在患者护理中，目前这一代人的老年病医院应旨在消除患者身体上的，以及心理上的和社会上的痛苦。在教学中，老年病医院培训有能力，并为未来作好了准备的医护人员。但愿老年病医院不仅仅通过身体研究为未来更好地进行病人护理作准备，所以我们希望对于大学医院老年病科来说，整个老年病学都能受益，尽管资源有限，也能完美地完成所有三个领域的任务，即教学、科研和患者护理。

痴呆症后记

今天,人们最害怕的事之一当属神经系统疾病,如痴呆。有两种形式,一种是由于循环系统障碍造成的血管性痴呆,一种是神经衰退造成的痴呆,二者都会一点一点地破坏大脑的不同区域,使患者逐渐丧失心理性能和社会交往能力。最后只剩下一具可悲的躯体:失去了自己所有的记忆;亲密的人变得陌生了;会感到害怕,并产生幻觉;在不堪重负的情况下,还会尖叫或乱打人。阿尔诺·盖格尔(Arno Geiger)写下了他父亲的故事,或许我们可以改变一下书名:《老国王不是自愿出走,而是迫于内心感受到外部压力而出走》[①]。

今天,在德国,有近四分之一的85~89岁的高龄老人,甚至超过三分之一的90岁以上的老人受痴呆症的折磨。[②]

---

① 原书名为《流放的老国王》(Der alte König in seinem Exil),讲述了作者与患了老年痴呆症的父亲一起生活的故事。
② 此处数据引自Kruse 2005,43;到目前为止几乎没有任何本质改变。——原注

但我们不能忽视对症状的评价：痴呆症不是暴病，然后使人陷入绝对黑暗的。人不会"一夜之间"就变成了神经元上的无用之物，而只剩下生理意义的继续存在。我们必须问，人是受哪个神经元的控制呢？生物意义上继续存在的人，几乎不可能完全失去大脑。

此外，这种疾病很少有一直恶化的发展趋势。相反，缓解与复发会交替出现。还有，我们不能忽视，即使是痴呆患者也有想要表达的感觉。尼采的话或许能引起同情，但只有在最严重的情况下才适用。严重的痴呆症患者不知道什么是昨天，什么是今天。如果被问到"你为什么不给我讲讲你的开心事，而总是看着我？"患者会"回答说，因为我总是突然间就忘了我想说什么——我就连这句回答也忘了，只好沉默"（《历史的用途与滥用》第一节第一段）。幸运的是，痴呆症很少出现得如此残忍。

关于如何对待痴呆症患者，即使不能直接看到完整性和系统性的解释，我们也可以参考

"海德堡生活质量记录方法（H.I.L.DE）"①。海德堡方法涵盖了生活质量的八个方面：空间环境、社会环境、监护质量、行为能力、医疗功能状态、认知状态、精神病理学和行为问题，以及主观体验和情感状态（Becker u.a. 2005, 108）。由此产生的任务并不难确定。根据患者个体情况，即精神状态、剩余的行动能力和决断能力，无论是在家中还是在养老院中，我们都应当努力保持空间和社会环境的稳定，确保护理和关怀的质量和强度。

当然，希波克拉底的"患者至上（salus aegroti）"原则也适用于痴呆症患者。相较于"有益于痴呆症的房屋"，更重要的是具有临床知识及满怀爱心的护理人员。例如，为了痴呆症患者的福祉，我们可以用音乐来帮助他们，因为音乐就像转换器，虽然并不会改善总体状况，却能改善基本情绪。听音乐、唱歌和

---

① 全称为 Heidelberger Instrument zur Erfassung von Lebensqualität，是德国海德堡大学老年学研究所为优化老年痴呆症患者生活质量记录和护理实践而开展的研究项目，综合医疗诊断数据与患者、患者亲属、专业护理人员的意见，对生活质量的不同方面进行评估。

跳舞所带来的快乐感觉持续的时间很长，不止几个小时，有助于延缓痴呆症状的进一步发展。

显然，第二个医学伦理原则（禁止伤害）和第三个原则（自主权利）仍然有效，尽管后者在严重情况下的适用性还存在争议（Schroth 2011, Wunder 2008）。这里我有两方面的建议。一方面，我们不要总是非常苛刻地理解自主的原则；我们也可以形成一个"比较级的"（讨论是多了还是少了的）概念。另一方面，要承认从前有关其自主性的记录和患者自己的意愿，包括常见的不希望过度治疗的心愿。

众所周知，会有困难的情况出现。例如，某患者拒绝任何人工营养，这个人出现精神极度不安，即害怕所有饮食，连天然食物都认为是有毒的。那么首先要做的是治疗精神不安，由此消除患者对中毒的恐惧。其次，我们可以考虑只是临时地用人工营养代替所需的天然食物。

此外，我们必须探询患者可能的意愿，一些著名的事例表明，患者一开始所表述的意愿不一定与一直以来显而易见的生活意愿一致。

在探询可能的意愿时，我们必须作出努力，绝不可沉溺于自己的偏见中。

我们还要认识到第四个原则是公平、公正：对于痴呆症患者，我们不能比对待其他疾病患者更差，特别是不能对他们照料不足。他们依然是既需要得到身体上的帮助，又需要得到情感和社会关怀的人。他们也依然想受到欢迎，喜欢站在阳光下，而不是阴影中。因此，最终又回到了老年伦理黄金法则在老年病学中的表现形式："儿时和青少年时，你希望成年人怎样对待你，你就该怎样对待痴呆症患者这样需要帮助的人！"

第八章　谈及死亡（一）：规划生命尽头？

无须回避死亡

对于大多数文化和千千万万个体来说，死亡是一种我们都试图摆脱的苦难，尽管我们这个物种的平均年龄已经是动物王国中最高的，并且预期寿命还在不断提高。到目前为止，"自然"寿命极限为120岁，如有些人所希望的，即使我们能把这一极限向后再延长几十年，我们也知道，我们和上帝的区别是我们会死亡，用一个朋友的话来说："死亡是存在的——／我们在人生中获悉！／面对它，我们应当从容／期待——而不是憎恨——／无论如何，它都会来，／这虽然不能让人喜悦，／但它也是／我们生命的一部分！"用另一句话来说：我们人类和其他动物一样，不仅是活着的生物，也是会死掉的生物。

尽管从存在的角度看，死亡是一种极限，但它依然是日常现象，老年艺术不能对这一现象视而不见。相反，在哲学上所称的"死亡的艺术（ars moriendi）"中，老年艺术才完全结束（Hügli 1998），这既不意味着轻率地对待生命，也不意味着厌倦生命，它所指的是"研究死亡（commentatio mortis）"的能力，是经过深思熟虑的自由认知的能力，是面对即将到来的死亡保持平静的能力。①

很长一段时间里，赞美诗中的经验很盛行："在生命过程中，我们被死亡包围。"从前，瘟疫、战争以及由蝗灾和歉收引起的饥荒威胁着人的生存，城市和乡村的卫生条件非常恶劣，人们在疾病和事故中根本没有足够的医疗和药

---

① 参阅西塞罗《图斯库路姆论辩集》第一卷；在西塞罗之前还有柏拉图的《斐多篇》64a和80e；伊壁鸠鲁本人和伊壁鸠鲁学派以另一种方式对此进行了论述，可参阅卢克莱修的《物性论》第三卷37；也可参阅波爱修斯的《哲学的慰藉》；对妻子早逝的哀诉可参阅约翰内斯·冯·特普尔约著于1400年的《农夫与死亡》。——原注

物帮助，母婴死亡率还是很高，那时，所谓的经验还只是人生智慧。

今天，至少在一些富裕的社会中，这样的时代已经过去了，但原则上，我们对于交通事故、运动事故、暴力行为、突发的恶性肿瘤或心脏病却没有抵御能力，所以我们不能排除意外死亡。即使在今天，在我们周围，对待死亡仍然像对待第一场雪：我们知道它会来，却不知道什么时候会来。

可喜的是，夭折的概率变小了；值得庆幸的是，很多人都是高龄时才死亡。我们当然要补充一点：这是在西半球。因为在其他国家，许多人还死于战争或流亡，死于自然灾害、饥荒，或死于瘟疫。但在我们富裕的社会中，多数人却生活在城市化的、匿名化的、工业化的、以绩效为引导的、周围都是陌生人的环境中，即使生活在乡村，医疗条件也非常好。然而，不管在哪儿，衰老和垂死都不是一件让人开心的事。

一则趣闻说到了点子上。有人问一位百岁老人："你这一生如何？"他回答道："就像一杯水——我喝光了，却还是渴。"另一方面，许多人能朗诵莱纳·玛利亚·里尔克（Rainer Maria Rilke）的诗《秋日》（Herbsttag）的开头几句："主啊，是时候了。夏日曾经很盛大。"能朗诵这诗句的人不在少数，有这样感慨的人，能规划不久将至的生命尽头吗？哲学对于规划重要的事情持怀疑态度。但哲学并没有说人应该不假思索地随意生活。

以波爱修斯的《哲学的慰藉》为例

哲学家知道一种特别的归纳法：在一个形象的事例的基础上，对本质上的东西加以阐述。这里所选的例子是一位来自罗马高等贵族阶层的政治家，由于不公平的指控，他被定为叛国罪，扔进监狱，等候处决。波爱修斯，这位在哲学上很有建树的元老，甚至还是首席执政官，在等待执行死刑的过程中写下了几个世纪以来最广为人阅读的哲学著作，即长销和畅销书《哲学的慰藉》（Vom Trost der Philosophie）。

波爱修斯描述了一个发展模式，即人这种理性生物如何明智地处理预知的死亡：人由于其动物属性，实际上是非常脆弱的。但作为理性生物，人却并不需要简单接受死亡：人可与死亡博弈，甚至也许还能认可死亡。在波爱修斯的著作中，人们恰恰可以读到：与已知的死亡博弈，直到认可它为止。

书中所述模式可视为一种治愈，更进一步说是自我治愈，却并不是医疗方式的治愈。被宣布死亡的人在灵魂医生——哲学女神——的支持下，更像是在进行一种心理治疗。一开始患者处于一种愤怒的状态：为什么命运要打击我这样一个无辜的人？哲学女神将患者从这种状态中呼唤回来。判处无辜者死刑这件事的特殊性并不是问题的关键，因为病危诊断的本质并没有什么不同：不久将死。

众所周知，我们来到这个世界时没有被征求过意见，用存在主义哲学的观点来说，我们是被抛到这个世界上来的。被医学或法律判了死刑的人感觉不是被"抛到世界里"，而是"从世界里被抛了出来"。愤怒和痛苦是他们产生的情感反应，但这些反应并没有什么帮助，不久就会转化为伤感。

在《哲学的慰藉》中，患者先是被愤怒震撼，接着被伤感所震动，而灵魂医生一步步地引导他们从痛苦中脱离出来，最后与注定不可改变的命运达成和解。由此，我们知道，真正的幸福并不在外界的命运中，不在喜怒无常的幸运女神那里，而是在我们的内心，在我们的道德价值里。因此，哲学家们通过规划自己的生命来规划生命的终结，即树立榜样，建立良好的美德，特别是冷静，这意味着无须以强力来维系生命，更确切地说，既然已经这样，那就坦率接受生命终结。

系统性思考

有了这个"重要信息"，我们可以与波爱修斯告别，重新系统地进行思考：显然人有渴望幸福的天性，这种幸福当然很难规划。看看当今重要的工作和职业领域，我们当然可以规划所受的教育，但无法规划教育的目的，无法规划我们在职业生涯中的位置。教育在幸福层面的意义则更难规划：发展自己，并得到尊严和认可，还要得到公平的薪酬。没有人能完全支配一些决定性的因素，如与同事、上司和员工之间的关系，如薪酬以及正面或负面的压力。

然而，其他一些东西，如树立榜样，建立美德，则能大大增加幸福的机会，不过这也意味着人们要承担起责任。在活力降低的情况下，审慎、诚实地面对自己就是增进幸福；面对令人痛苦的诊断时，这种态度就是勇气；知道残酷的命运打击出现时，要冷静，面对不久就要死去的宣判绝不投降。

著名神学家汉斯·昆（Hans Küng）在《幸福地死去？》（*Glücklich Sterben*？，2014）中对生命尽头提出了新思索。尽管他小心地在后面打了个问号，但这个题目太深奥了。没有人认为必须得死是件值得高兴的事，也几乎没有人认为接近死亡是件值得高兴的事。说"好好地死"或"有尊严地死"也许更适合，或是明智地为"好好地死"打上一个问号（*Philosophie Magazin*，Reclam Verlag 2018）。

许多社会风俗可以承担上述使命，但在当代已经越来越失去了力量：今天，对于世俗社会的当代人来说，关于死亡的集体仪式越来越陌生。我们与濒死者、濒死者家属，继而与失去亲人的人不应该是仅仅说说客套话这么简单，但我们除此之外，似乎已经失去了更多的能力。这种缺失的语言能力也表现在讣告和悼词中。我们不直接说出死亡，而是以一种类似诗意的方式婉转地说出：某人"离开了我们"，或是"在他家人身边安静地长眠"，或"踏上最后的旅程"。如果生命最后阶段不是那么安详，那么随死亡而来的就是像"经过漫长的疾病折磨，从痛苦中解脱了"这样的安慰性的悼词——可是，这是慰藉谁：慰藉死者还是死者家属？

幸运的是，我们能在宗教和文学著作中找到内容和形式上杰出的篇章。叙事作品中——这里我们仅提及一个例子——有托马斯·曼被拍成电影的中篇小说《威尼斯之死》（*Tod in Venedig*），最新出版的作品中有美国外科医生阿图·葛文德（Atul Gawande）的《最好的告别：关于衰老和死亡，你必须知道的常识》（*Being Mortal. Medicine and What Matters in the End*，2014），此外还有克里斯蒂娜·弗罗曼

（Christiane Frohmann）的电子书《一千个死亡描述》（*Tausend Tode Schreiben*，2015）。①

七个策略

与自己的死亡博弈有许多行动上的策略。根据第一个策略，也就是在古代由苏格拉底拥护的策略，人们按照自己所认为重要的事情，也就是道德上的美好生活，来学习死亡。这就意味着死亡从青少年时代就开始了。我们虽然不必与世隔绝，这么早就想到最后的死亡，但却应当过着正直的生活。我们想怎样死亡？这一问题与我们熟悉的问题息息相关，即我们想怎样活着？

值得注意的是，另一位哲学家的观点与之接近，许多人将他视作享乐主义者（Hedonist），认为他是纯粹享乐的代表而辱骂他，另外一些人则由于他的学派中的友好气氛而非常崇拜他。他就是我们曾提到的伊壁鸠鲁。

---

① 以将死之人的角度书写的作品可参阅 Renz 2000，Kübler-Ross 1971，Nigg 1985；关于死亡更详细的讨论可参阅 Borasio 2011，Bormann/Borasio 2012。——原注

"警示年轻人要好好活着,老年人要好好死亡,作出这样警示的人很天真",因为"努力好好活着和好好死亡是同一件事"(《致美诺西斯的信》第126节)。那些正直活着的人,对于来得过早的死亡不必遗憾,因为他已经做了最重要的事情,即过着正直的生活。

第二个策略与西塞罗的类似,认为人通过自己的努力,且只能通过自己的努力来达到不朽。许多作家、艺术家,还有哲学家、企业家、政治家和军事家都希望如此,希望他们的作品比他们自己的生命更长久。而根据它的一种道德变体形式,即一种有关自我救赎的观点,人一点也不需要上帝的恩典,例如,按照柏拉图的说法,灵魂能够且应该摆脱身体的欲望,进行纯粹的理念认知,这样灵魂可以在死后飞行上界,而不是像影子一样四处徘徊,并又降格到肉体的世界来。

第三个策略是米歇尔·德·蒙田提出的,这一策略受到斯多葛派的影响,主张人"始终处于准备状态"。"哲学就是学习如何死亡。(Que philosopher, c'est apprendre à mourir.)"

(《随笔集》第一卷第20章)然而,前提是,我们没有长期的人生规划,或是人生规划的意义在对天国的期待面前显得苍白了。蒙田在后期的文章中解释,死并不是生命的目的,生才是生命的目的,懂得安静地活着的人,可能也不会充满恐惧地死去。①

根据第四个策略,我们应试着不要把自己看得太重要,并且"把自己放在世界的边缘"(Tugendhat 2003)。然而,我们对于其他一些人,例如对于同事和朋友来说,依然很重要,而对于生活伴侣、父母和孩子而言,甚至是无可替代的。

第五个策略是由我建议的,却来源于众所周知的斯多葛学派。我们由此策略学到,即使是厄运也可以融入整体成功、快乐的生命中(Höffe 2007,171ff.)。当死亡来临时,死亡艺术可以使人平静,也许还可以使人愉快地死去。这种平静绝不是软弱和顺从,而是自我力量的体现,成年人必须艰难地学习,而多数孩

---

① 《随笔集》第三卷第12章;斯宾诺莎《伦理学》第四部分第67条也表达了类似的观点。——原注

子似乎天然就拥有，因为他们来到这个世界上的时间并不长，还没有像成年人那样深深地眷恋着这个世界并且惧怕死亡。

第六个策略是从伊壁鸠鲁到斯多葛再到笛卡儿所代表的生活原则，那就是不畏惧死亡。由此提出的观点能够使我们确信：也许死后什么都没有了，也许死后就来到了天国，那里可能没有最后的审判，因而至少是不可怕的。然而，我们在死前还是会害怕，会有一种"死亡的恐惧（horror mortis）"，因为死亡与痛苦和孤独相关。在死亡钟声敲响之际，没有人知道自己会有怎样的勇气。

所有这些策略都是"内在的安乐死"，叔本华已经指出了这一点（见前面第五章）。我们总是会忘记"安乐死"的字面意思：一种美好的、温和的死亡。在现代，人们更相信自然科学、医学和技术等方面的外部成就，但是根据上面简述的策略，人们要通过内心的自我成就才能达成这一目标，而这种自我成就和那些外部成就相比，在更高程度上验证了人的自由。

这其中已经表明了第七个策略，虽然源头

可追溯到培根那里，但直到最近才成为主流模式。人应该以那种借助医学技术的"外在的安乐死"代替内在的安乐死，亲自选择死亡，这无疑能让濒死者"更轻松而又更温和地离开这个世界"。德国安宁缓和协会（Der Deutsche Hospiz- und Palliativverband）以"在德国死亡"为主题的问卷调查显示，今天大多数人都是害怕疼痛的，害怕无助地被交付给"器械医疗"。虽然镇痛医疗取得令人瞩目的进步，但人们并不信任这一进步。大家还担心在生命尽头，人们的注意力只聚焦在医疗性的援助，而这些援助还不断被压缩。

死亡的基本模式

和生一样，死也有各种可能性，这里可简化为四种基本形式：(1) 快速死亡，如事故、心脏疾病或中风；(2) 在生命进程中可见的死亡过程，原因是患上既不能治愈，也不能有效防止的疾病，如致命癌症，某些情况下也可能是死刑判决的缘故；(3) 多发性、多器官衰竭的死亡；最后，(4) 衰老致死。第一种是突然死亡，第二种是可预见的死亡,第三种是令人恐惧的死亡,第四种则是令人期待的死亡。我们逐一来看。

第一种模式:突然死亡。经验表明,尽管预期寿命提高,但这里所提及的人生智慧仍然有用:"在生命过程中,我们被死亡包围。"在中世纪,圣克里斯多夫(Der heilige Christophorus)不仅帮助人们摆脱冰雹灾难,而且充当水手的守护神。为避免意外死亡,避免突然地、没有准备地丧失生命,人们经常呼唤他的名字。

毫无疑问,我们并不能预料突然死亡,但却可以将其列入规划之内:我们可以做预案,比如我们不去冒险,如果我们能回头看看他人的突然死亡,就会对冒险的后果感到非常遗憾。对于我们做过或没有做过的某些事,我们还可能会感到羞愧。这种情况更加确证了苏格拉底的策略:正直地生活才能保证有好的死亡。

许多人希望能从一个瞬间一下子到达另一个瞬间,没有疼痛,尤其是没有恐惧,很快地死去。但我们必须承认,如果这样,我们就不能将某种责任履行到底，也不能回顾我们这一生，不能将许多做过的和错过的事"理清楚"。人如果还能再活一段时间，就有机会将未说出口的话说出来，将未澄清的事情澄清了，"净化自己"，与自己，也与家人和朋友达成和解。

毕竟垂死的人不能和家人朋友道别。在路易斯·利亚奇（Lluís Llach）的小说《首领的女人》（*Die Frauen von La Principal*）中，一个年轻的小伙子在一次海难中与父母失散，非常悲伤（以下缩略），"这样的死亡是一下子到来的，计划成为泡影，比事先知道要来临的死亡更难以承受……我心里总是放不下，没有与他们告别，在最后一刻也没有陪伴在他们身旁"（2016，169f.）。

第二个模式：可预见的死亡。这种死亡过程是在医生判断患者将不久于人世后延续至生命结束的过程，这在西方国家几乎成了常态。最重要的是，一切尽在"掌握中"，即医生作出诊断，小心翼翼地将噩耗告知病人，并且不会开始另外一种治疗来唤起虚假的希望。

面对死亡的巨大力量，与其将自己的无能

为力隐藏在一种"积极治疗的能动性"之下,不如花时间如实地、细致地解释情况。"赤裸裸的诚实"也许更容易,但很无情;而且它违背了患者福祉。人道主义的启蒙也包括放弃的艺术。不必去大谈特谈各种痛苦的,几乎没有成功希望的治疗方法,而只需要为了患者的福祉考虑,使患者不必作某些决定。

同样,我们也希望缓解疼痛,解渴或消除呼吸困难。我们还希望能以符合预期的高标准进行姑息治疗:对不可治愈的疾病,我们要使患者获得最佳生活质量,而纯粹的医疗是满足不了这种生活质量的。

让我们从情感方面谈起。一个人对病危诊断会有怎样的反应呢?反抗、愤怒、盛怒,还有同情自己,或相反,听天由命,没人知道自己届时会有怎样的心情。然而,我们可以适时树立所谓的谨慎态度,培养勇气和冷静,尤其是发展本能的忍耐力,即承受命运打击的能力。如果这些态度成为人格不可或缺的一部分,成为性格特点,那么面对死亡,人就不会陷入困境。

我们也可以在社会层面上进行类似的准备。虽然我们很难确保人在濒死的几个星期里不是单独待着，而是得到家人和朋友的安慰和支持，和他们交谈，交换回忆，甚至大笑和哭泣；但我们也并不是完全被动地把自己交付给不可改变的命运。从前悉心照顾家人，维护友谊，有同情心，并乐于助人的人，在生命尽头鲜有依然孤独的。

克里斯多夫·兰斯梅（Christoph Ransmayrs）的小说《飞山》（*Der fliegende Berg*, 2006）中，一对爱尔兰兄弟试图探寻世界地图上最后一个空白地带。最后，他们发现，有一种东西既不能防止死亡，也不能避免死亡的来临，却能够缓解这一切，这种东西就是：爱。

由于社会宣扬年轻、活力和成功，回避死亡，所以在社会中，很多人害怕去看望将死之人，不能握住他们的手，与他们交谈，不能说一些安慰的话。通常情况下，连安慰的表情、手势和语言都没什么活力。鉴于公平付出和回报的延迟性，我们应该树立榜样，引导后来人：我们学习为濒死的亲朋花时间，给他们以慰藉。

应该在多大程度上把孩子带进来呢？许多成年人害怕让孩子去看濒死的人。这种害怕几乎没什么道理，小孩子的偏见甚至比年长的人更少。

原则上我们甚至不应当回避精神层面的事情。无论是否信仰宗教，人们都不能提前知道，人在濒死阶段是否只想念尘世，对于"从哪里来"和"到哪里去"的问题是否依然无所谓，所以在精神层面保持开放是一种人生智慧（见第九章）。

最后，我们必须考虑到留下来的人。人都是永别某个人或某些人而死去。人的死只是其（尘世）生命的结束，留下来的人在其死去时和死后还必须继续生活。我们从玛莎·卡乐可（Mascha Kaléko）的《警告》（Memento）一诗中只是读到一种毫无生机的老生常谈："我只是自己死了，别人在我死后还要生活。"

幸好还有一些新发起的活动，例如由人们志愿引导一条"悼念路线"，带着大家在和平美丽的自然中漫步，既可以一人漫步，也可以和大家一起交流，最后回到一所舒适的客栈。另外一个活动——"悼念咖啡"——提供场所和时间，让大家互相理解和互相帮助。在这两个活动里，人们可以在讲述或倾听的过程中分享对一个亲近之人的死亡的哀悼。

第三种和第四种模式：令人恐惧和令人期待的死亡。是由于多器官衰竭而死，还是由于衰老而死，我们可以把二者放在一起看待。我们从年老的亲属身上可以看到：人在高龄时常常丧失活力和精神，而越是丧失，人就越需要各种帮助。就这方面来说，人们在发生事故或患上神经疾病后，如肌萎缩性侧索硬化（ALS）、痴呆、帕金森病和多发性硬化（MS），尤其需要帮助，现代人深深地悲哀：自己所能支配的生活是辛辛苦苦赚来的，为什么就要这样放弃？

客观来看，还有另一种相反的现象。我们作为婴儿、儿童时得到的帮助，还有在青少年时代虽不情愿但得到的帮助，乃至迄今为止所得到的种种帮助都不应被回避。成年人也不会像鲁滨孙那样过着不需要周围人帮助的生活。好在我们有许多机构，无数市民在这些机构中提供志愿服务。比较突出的是临终关怀运动。医院渐渐成为危重病人聚集的地方，由于不满意这种地方与危重病人和濒死者相处的方式，人们努力创造全面关怀，甚至可以在居住地周围以一支流动的患者关怀队伍来提供援助。这在瑞士叫作"缓和照护（Palliative Care）"，人们关注生命，直到最后一丝气息。

可喜的是还有其他一些活动，我们在这里只说两个：在我居住的地方图宾根，有一个项目叫"日与夜"，给患者，也给家属提供药理和医疗上的帮助，在必要的情况下也提供其他支持。在瑞士阿尔特—戈尔道地区（Arth-Goldau）有一个超越宗教的"死亡陪伴协会"，主旨是"援助重病患者和濒死者，无论是在家中、养老院中还是医院中"。成员都严格履行保密的义务，他们把自己的服务作为一种"博爱行为，他们知道每个人都会走上这条路"。

两个最后的说明

经验给我们两个补充说明：无论是否存在这些众所周知的死亡模式，我们都知道我们必须死，所以最迟到了高龄时，如果我们有家庭，那么思考传承问题也是对生命负责的一部分。与生活伴侣、孩子或其他人就好的死亡方式达成一致的预设也同样重要：在生命尽头被告知诊断结果时，我们想接受怎样的治疗，更进一步说，不想接受怎样的治疗？怎样使我们的亲人也参与进来？怎样帮助他们减轻痛苦？对此，患者的意愿是值得借鉴的，当然，患者的意愿要不断更新，特别是应始终具体、明确。

如果死亡是一个漫长的过程，那么第二条就不仅仅是缓解疼痛、人文支持和慰藉等理所当然的事了，尽管经验表明"良言一句三冬暖"。许多思考自己人生的人，如果他们不去（或不仅仅去）仔细回顾过去的事，如成功和失败，是可以坦然面对死亡的。因为面临死亡，职业生涯、幸福和奢侈等东西意义都不大，正确地说，是根本毫无意义。

在回顾过往时能看到美好的瞬间，并能注意到各个生命阶段的人；能开创性地克服困境的人；尽管有弱点，却依然能正直、乐于助人、富有同情心地生活的人——这样的人是幸运的。

他们不用对自己太慷慨就可以说:"我没什么可遗憾的 / 无论是对我好的 / 还是对我有伤害的事情。(Non, je ne regretted rien / ni le bien qu'on m'a fait / ni le mal.)"

第九章　谈及死亡（二）：恳求一种告别文化

这里所恳求的告别文化既不是民族学、人种学或文化人类学意义上的概念，也不是与文明相对的概念，而是以个人责任为基础的死亡艺术扩展到社会和政治责任中，这些责任因而自然地相互交错在一起。

社会任务

人知道自己会死，尽管有《死亡的新的可见性》（*Die neue Sichtbarkeit des Todes*, Macho/Marek 2008），甚至有《死亡的唠叨》（*Geschwätzigkeit des Todes*, Armin Nassehi 2003），我们也知道大量关于事故、自然灾害、

战争，甚至处决的新闻，但我们还是更愿意回避这种认识。媒体也在用另一种方式详细表现许多关于死亡的主题，例如有媒体一直跟踪一位患癌症的年轻女病人（英国女士J. Goody），直到她去世。伟大的文学作品也关注这一话题。典型代表作是托马斯·曼的小说《魔山》（*Der Zauberberg*），其中自由派人文主义者塞塔姆布里尼（Settembrini），共产主义耶稣会会士纳夫塔（Naphta）和危重病人汉斯·卡斯托尔普（Hans Castorp）都在讨论死亡的问题。马格里布的作家塔哈尔·本·杰隆（Tahar Ben Jelloun）震撼人心的短篇小说《亚玛——我的母亲，我的孩子》（*Yemma-Sur ma mère*，2007）名气就没那么大。《新苏黎世报》刑法专家彼得·诺尔（Peter Noll）的《死亡记录》（*Diktate über Sterben und Tod*，1984），还有卡特琳·史密特（Katrin Schmidts）后来的作品《你不会死》（*Du stirbst nicht*，2009）几乎被人遗忘。

尽管有许多反例，这种矛盾的心理却始终存在：死亡太常见了，人们在日常生活中却回避死亡。媒体中"公开"的死亡与现实中主流的死亡还是形成了鲜明对比，即在社会生活中回避死亡，以及与之相伴的"死亡私人化"。敲丧钟、安放遗体、出殡和葬礼餐几乎不再进行。此外，墓地从前都在教堂附近，而教堂都在中心地带，今天，许多地方的墓地都被挤到边缘地带。而且死后一切都沉寂下来，只有讣告，只有知名人士还能有煊赫的悼词。①

另一方面，我们不能忽视，葬礼虽然普遍失去了传统仪式，但宗教仪式，至少宗教音乐还在发挥作用。此外，人们也在尝试新的告别形式，移民们也将他们本土的仪式带入迁入国，但过了一段时间后却转而贴近新环境。因此，"仪式的丧失"这种流行的说法是不准确的。准确地说，是"传统仪式的削弱"与"新传统的尝试"，以及"仪式的多元化"，包括混合的、不同传统相互结合的仪式。"向死者表达最后的尊敬"和"与死者告别"这双重愿望并没

---

① 欧洲文化中讲到与即将到来的死亡进行博弈的，依然值得一读的有 Ariès 1977, Ebeling 1979, Rosenmayer 1978；最新的资料有 Landsberg 2010；另外还可以参阅 Heller 2000。——原注

有消失。还有，我们不能忘记挽联说明的是什么："只有那些没人记得的人才会真正死亡。"

四个层面

死亡文化不是一个轻松的话题，但这一艺术至少包括四个层面，所有四个层面都要从对立面中提取。（1）我们做许多事情根本不假思索，迅速作出决定，对此，我们需要暂停一下，深思熟虑。（2）我们常不假思索地说出许多模式化的东西，鉴于此，我们在说话之前必须仔细斟酌，我们需要一种特殊的语言文化，这种语言文化寻求特有的、个性化的词语，并且和交谈文化相关联，而不是笨拙的寒暄和客套。

（3）另外还需要尊崇象征性的行为，虽然这种尊崇对人类来说至关重要，但却已在功利主义的世界里逐渐消失。人在告别时有或多或少的仪式感，这种仪式感在动物世界里充其量也只是很原始的。一个人如果对其他人有意义，那么这个人死了，就不会被置之不理，仿佛完成了该做的事就应彻底退出舞台。我们对待死去的人应该采取一些看似"无用的"行动，这些行动其实是有自身意义的,我们以此来对抗世俗的功利主义。

(4)最后,但也是非常重要的一点,我们还要反对无差别化的趋势。即使不考虑里尔克庄严的请求("噢,主啊,给每个人自己的死亡"),我们也都有要求与众不同的权利;告别无须标准化。特别是我们"自然地"对待死亡,既不是太麻木,也不是太感伤,而是以人道的同情来对待。当然,相对于陌生人来说,这种同情在亲近的人身上体现得更人性化,程度也更深。里尔克的请求其实还有另外一层意义,这一意义使我们想到阿道夫·慕施克(Adolf Muschg)的短篇小说《白色星期五》(*Der weiße Freitag*):帮助别人死亡是不在考虑范围内的;因为最后一口气太宝贵了。毒杯子①从来都不是用来自杀的,即使人们用它举行告别派对(2017,188)。

告别文化是在"空间"层面开始的:在任何情况下,我们都应该向人提供帮助,而不是让人们去寻求帮助,人应该尽可能地在熟悉的

---

① 据说苏格拉底是被判为喝毒芹而死。

环境中，也就是在家中死去。而现实中，大多数人——大约有五分之四——在医院死去，而且有越来越多的人在养老院中死去。即使人们不愿意承认，但在医院和养老院死亡常常被视作日常工作中的干扰因素。随着专业化的不断提高，姑息治疗也存在官僚管理取代人性关怀的危险。

这种新的现实不一定是因为家人缺乏意愿，也并不是因为他们不愿意参与这种无望的、消耗力气的工作，从而不愿意陪伴死亡这一过程，而是因为家中常常缺乏有尊严地死去的最简单的条件。此外，许多家人缺乏必要的安全措施和经验。

结果是众所周知的：人将会随便地、毫不庄重地死去，经常是毫无尊严地死去（Fuchs/Kruse/Schwarzkopf 2010）。但我们不能沉溺于传说中，说从前在一个运转良好的大家庭，一切都更好。传说中运转良好的，所有成员都均衡、公正的大家庭只是一个很难达到的理想。除此之外，一个基于经验的相反论据是：在中世纪和近代早期，许多朝圣者和商人，甚至一些手工业者经常外出，所以很多都会死在陌生环境中，这正是最终促成了临终关怀运动的原因之一。

即使今天越来越多的人年老死去，长期以来认可的生活质量标准在生命最后几个星期或几个月内也不可以被忽略掉。就各个方面而言，死亡文化恰恰指的是一种意愿，愿意在一个人死亡过程中关注他，而人直到最后一丝气息，都有权利保持自尊和自主。为此，死亡过程及死亡本身必须引起社会重视。

医学及其他

姑息医疗将死亡过程划分为临终阶段——经常持续几个星期或几个月——和最终阶段，即真正的死亡阶段，也就是最后几个小时，少数情况也指生命最后几天。"由于大脑活动减少，感知受到限制；视力和听力下降或消失，呼吸变弱。然后是心脏骤停，由于脑细胞功能丧失，几分钟之后就是脑死亡。"（Groß/Kreucher/Grande 2010）

患者处于不可逆转的死亡过程时，医生、

护士和护理人员的关怀不得终止,这就是死亡艺术的医学方面的要求。濒死者直到最后一丝气息都依然是个活着的、有尊严的人,所以希波克拉底在这里并不应该充当楷模。希波克拉底禁止医生致力于拯救濒死之人:死神塔那托斯(Thanatos)来了,医神阿斯克勒庇俄斯(Asklepios)就走了。直到我们的时代之前不久,一般诊所都是将死者从病房里弄出去,弄到浴室或储藏室里。患者福祉实际上有着其他要求。如果死亡过程无可挽回地开始,延长生命的措施就被认为是徒劳无功的,所以不采取措施就不会有"由于不作为而犯罪"的危险。但是即使道德上可以放弃多余的治疗措施,我们却不能免去各种病人护理。

除了缓解濒死者身体上的痛苦,我们也要尽可能缓解他们精神上的疼痛、恐惧、不安、孤独、心死、抑郁:"吃饱和洁净"无疑是远远不够的。我所认识的一名创伤科医生是整个医院的负责人,他的工作时间远远超过法定工作时长。然而,人们在他死后却可以说:"他从不让哪个人孤单地死去。"至少对医院来说,这种态度被视为理所当然的：在濒死者的房间里，至少有一个人，最好是亲人，握着他的手，"说着温柔的话"——垂死的人也可能看到夕阳西下，如果夜幕降临，他也会害怕。

宗教一瞥

即使在世俗社会中，通过宗教传统仪式更容易与死者告别。犹太教传统规定要在 24 小时之内埋葬死者，所以朋友们要迅速赶到，轮流陪伴死者家属，至少陪伴七天。由于很快就要埋葬，所以很少有奢侈的葬礼和感人的致辞，死亡让所有人看起来都是一样的。也因此存在一种用床单蒙上镜子的风俗，这样，虚荣及自我欣赏就没有容身之地。只有死者才重要。

由于真主安拉已经呼唤死者，虔诚的穆斯林并不特别悼念死者，虽然在埃及普遍会有哭丧女。与犹太教相似，由于要在 24 小时内安葬死者，所以葬礼很朴素。有些地方时间更短，不允许死者身体受阳光照射，所以要快步跑着将尸体抬到墓地，女人，甚至连妻子、母亲、女儿都要离墓地远远的，据说墓地隐藏着邪灵。

逊尼派在人逝世40天后再一次一起悼念死者，120天后，哀悼差不多正式结束；什叶派却是强烈地哀悼、崇拜，上百万人在穆哈拉姆哀悼月来到朝圣地，如伊拉克卡尔巴拉。

佛教家庭中，死者被安置在家中或寺庙中，然后在三天或五天后被装在用花朵装饰的棺木中焚烧，如果家属有很长的路要走，那就安排在七天后进行。在此之前，人们聚集在棺木前，为曾经给死者带来的痛苦道歉，也原谅死者曾经给他们带来的痛苦。

早期基督教在葬礼仪式上继承了犹太传统：死者被洗干净，用亚麻巾包裹起来，涂抹圣油，在哀悼中被放到墓穴里。由于期待肉体复活，火葬直到不久前还被认为是有罪的。更晚的基督教仪式与不同的文化及思维方式相关：因为希望上天堂，所以伊比利亚美洲[①]的葬礼绚丽多彩又喧闹；欧美地区则考虑到所有人类生命的终结，尽管有花束，葬礼也是严肃而庄重的。

---

① 使用西班牙语和葡萄牙语的所有美洲国家和地区的总称，与拉丁美洲的区别是，伊比利亚美洲不包括使用法语的几个国家。

只在乡村才有几百人追随棺木，以便之后聚集在一起吃葬礼餐这样的传统。

在西欧和北欧，由于更进一步的世俗化，基督教葬礼仪式尽管越来越不被人遵从，却还是最为人所熟悉的。多数死者仍是以基督教葬礼，甚至是以哀悼礼形式告别的。基督教仪式也成为所谓的国家行为①，因为它可以很容易地脱离基督教的语境，所以在社会主义国家中都能找到它的变体。

对于天主教来说，病人傅油圣事，或者说临终涂圣油是七圣礼之一②。如果神父不在，则由非专业神学家，通常是一名妇女，来进行这一仪式。其他基督徒，甚至是不属于任何教派者，对灵性陪伴的需求也不断增长，人们试图以不同的方式满足这种需求。在城市化的、多元文化的、世俗的主体社会，很难在几年内发展出人们能接受的并可行的方式来代替几个世纪以来，特别是在乡村和宗教环境中发展的传统。

---

① 如默哀，为纪念某人、某事而起立，周年纪念等。
② 圣体、圣浸礼、圣膏、按立、告解、婚礼、膏油礼。

老年自杀：医生允许帮助吗，应该帮助吗？

就我们所知道的生物而言，只有人才有可能不用自然的方式结束自己的生命。这种可能性表现了人极端的支配权，同时也强化了自由，利用这种自由来进行破坏和颠覆：自杀的人，用自由结束了他的自由。我把之前表达过的思考总结为十一条论题。①

自杀，从前也叫自戕，今天也叫自尽或自绝，虽然是一种非常个人化的行为，但它和所有人类行为一样，也有社会性的一面。自杀所涉及的人通常有亲属，至少有熟人、邻居和同事，甚至也许有朋友，那么第一条论题就是，这些人会受到自杀的牵涉，对父母、孩子、伴侣来说甚至是打击。如果一个亲近的人没有告诉我就结束生命，那么彼此之间的信任关系也被破坏了。那些不自觉地参与其中的人，如火车司机，也会受到终生的打击。

在相关讨论中，对于一些人来说，哲学伦

---

① Höffe 2015, Kap.3.3; 另可参阅 Rosenstock 2009, Wehrli/Sutter/Kaufmann ²2015。——原注

理如墙头草，其中一部分机会主义者附和时代潮流，瓦解诸如保护生命这样的基本法定权利。事实上，第二条论题涉及一个问题，即对自主和关怀这两个原则的考量。

在考量中，即使我们经过深思熟虑也会得出不同结果，因此，第三条论题提出了一个最低限度的社会宽容度，这种社会宽容度意味着不能过于自信地代表自己的观点，而是要容忍一些对方的观点，以避免不公正的判断。根据基督教神学家弗里德里希·威廉·格拉夫（Friedrich Wilhelm Graf，2015）的观点，其他各个教派都沉湎于一种（教会的）绝对主义。

自主原则主张所谓的自由主义解决方案，这一解决方案根据"如有疑义，选择自由（in dubio pro libertate）"原则，允许一个有判断能力的人决定自己的终点。但人类天生有求生欲望。这里需要对海德格尔的"向死而生"进行更正补充：像所有生物一样，人天生的基因里就写着活下去，或生存下去，而不是死亡。因此，第四条论题是，通常只有在基本生活危机中，人才会产生终止自己生命的念头。

根据源自实践的自杀研究，自杀很少发生在清醒的生活回顾中。多数情况下，自杀的都是那些对生活或活下去非常绝望的人。原因可能是难以忍受的疼痛，对此，良好的疼痛治疗应该有所帮助。另外一些人因为生意上、职业上或是伴侣关系的严重失败而绝望。但经常是深深的恐惧占了上风：害怕被孤立——找不到一个理解自己并可信赖的人——或者作为需要护理的病人，害怕成为家人的负担，即使家人并不这么认为。还有一些人不想被无助地交付给医院里那些高科技的医疗方案。还有些人害怕身体上和精神上不像几十年前那样活力四射。也许他们为自己接下来很大程度上的"非人化"而感到羞愧和厌恶，而且他们觉得继续生活不再有尊严。还有些人只是暂时萎靡不振。

这些相当不同的原因和理由有一个共同点。第五条论题：老年自杀多数并不是真正的自主决定，而是一种潜藏的诉求，对于家人、医生、护理人员或其他某些人及社会的诉求，请求缓解疼痛，以及尽管极端无助和依赖，也请求他人不仅仅用"虔诚的话语"向他传达可感知的生活意义。

因此,第六条论题是,我们所需要的并不是自主,而是援助的义务,用宗教语言来说就是"慈悲(misericordia)",我们不仅要将"物质上的贫穷(pauperes)"提到重要位置,还要关心所有的"可怜的人(miseri)"。

我们建议医生将有自杀倾向的老年人看作患者,因此,第七条论题是,医生就其职业来说并不是死亡助手,而是应当遵循关怀的原则以及与之相关的"如有疑义,选择生命(in dubio pro vita)"的原则:针对长期的、有时难以忍耐的疼痛,预防性地采取有效的疼痛疗法。对于害怕无助地被交付给那些高科技的医疗方案的病人,我们不仅应当与他们维持一种仪器上的关系,而且也应维护一种个体之间的关系。即使自杀行为没有进行到底,也要给试图自杀的人提供尽可能好的援助,幸运的是,这也非常成功:多数从前想要自杀的人认为他们得到的援助很周到,并在良好治疗中真诚地活着。

自杀问题多数出现在生活危机中,这种危机对老年人来说,是由身体和精神力量的衰弱引起的，这就产生了第八条论题：一个以责任和稳定为特征的社会并不是致力于自杀救济，而是致力于自杀的预防措施，致力于给老年人开创有意义的生活前景，创造有益于老年人的生活空间，并支持姑息治疗和临终关怀的工作。

因此，我们绝不可以因为第八章中提及的阿尔特—戈尔道地区"死亡陪伴协会"排除任何形式主动和被动的安乐死，就指责它是不自由的、家长式领导的机构。事实上，是大量经验鼓舞了协会，因为大多数情况下，自杀并不是自由死亡，试图自杀或实施了自杀的人是缺少关怀、慰藉和帮助的人，或是对自己生命意义绝望的人。

可能还有另外一个更深层的问题：我们的社会宣扬年轻、活力和成功，所以人们很难认为存在本身就是有价值的；人衰老、虚弱，并且由于无助，肯定不再成功，所以存在就失去了上述的一切意义。对青春、美丽及成功的批评是众所周知的，但这只是毫无意义的一般性批评，对一个怀疑生命意义的个体来说，这种一概而论的社会批判式的悲叹是帮助不了他的。

这些个体眼前没有了青春、美丽和对成功的热衷，只想在此时、此地证明继续生活的意义。

我们如果回顾一下思想史的发展进程①，就会发现，也就如此处的第九条论题所说，人们针对自杀在道德伦理上已经争吵了几个世纪，赞成和反对并不按照世俗和宗教而区分。相反，在哲学和神学两方面既有倡导者，又有反对者；倡导者既有毫无限制的，又有仅在极端情况下才选择"赞同"的；另外还有康德在《德性论》（第六个决疑问题）中涉及的一种"敏感性精神（esprit de finesse）"。

上面所提到的道德哲学和道德神学的争论可能会让人感觉困惑。好在这一争论对法律上关于协助老年人自杀的讨论（几乎）可以忽略不计。因为法律讨论和在上述争论中处于突出位置的个人道德无关，而是和与其严格区分的法律道德相关，即人与人之间相互承担的责任。对此，第十条论题认为，自杀并不是违法行为，尤其不是犯罪行为。

人类与生俱来的生存欲望并不是生命的义

---

① 此处应再次简要回顾 Höffe 2015, Kap.3.3。——原注

务。人得到生命，既不欠国家的，又不欠社会的。启蒙运动激发的刑法改革成就之一就是免掉自杀的罪。如果不再能获得新的生命意义，那些经过深思熟虑不想再活下去的人告别生命就不应该受到任何官方的阻止。

如果自杀并不是法律意义上的错误行为，那么，如经验丰富的刑法专家所说，协助自杀也不是错误行为（Kühl 2010，81）。但在同谋自杀的情况下，第三者参与进来，则涉及针对人身和生命的刑事犯罪领域。用英国作家伊恩·迈克尤恩（Ian McEwan）的专业话语来说，法律"不允许医生使某些不能治愈的患者窒息、脱水或饿死，另一方面，禁止以致命注射来使之立即获得解脱"（《儿童法案》）。

接下来是第二个区别，现在来看关键词——缩短生命：在被下了病危诊断时想要缓解疼痛，这时医生开的药物可能会同时缩短其生命，这种药物应区别于专门致死的药物。前者不仅是医学伦理所允许的，而且还是必需的。只有后者才涉及协助自杀。另外还要区分诱使自杀和安乐死。诱使自杀是无论如何都不被允许的，而安乐死也许在特定情况下是被允许的。

如果在极端情况下，有一名医生认为协助老年人自杀是合理的，那么第十一条论题就是，这个医生不应当作为医生，而是应作为其身边亲密的人来给予这种协助，即作为一个已经分担了该患者严重痛苦的人，这个人尽管一直努力唤醒患者生命的意义，甚至呼唤生命的喜悦，但患者却总是请求他来帮助：迫切地、经过充分考虑地请求，并且是没有外界压力地请求，同时也是长时间地、不间断地请求。

允许死亡

通常我们只会谈及两种情况：在死亡"过程中"提供帮助和"为死亡"提供帮助。我们通过经验会注意到另外两种现象。第一个现象依然没有得到充分探讨，即怎样将帮助死亡的探讨集中在能够同意并有决定能力的人身上。有许多很老的老人，几个月甚至几年来毫无意识地躺在床上，只能通过人工进食、心脏起搏器和药物来维持生命。当然他们仍然有活着的权利，没有人能夺走他们这一权利。倘若这一情况与巨大的痛苦相关联,那么就会提出问题,他们一定要受这样的苦吗?

如果没有明确得到患者意愿,当事者的孩子和护理人员也没有授权终止治疗,那么他们就会被继续治疗。长年从事心灵关怀工作的曼弗里德·阿尔伯蒂(Manfred Alberti)认为,这样会阻止人体面地、有尊严地死亡,并将其视为"大多数德国人支持安乐死"的"原因"。至少他的问题是正确的:"怎样才能让高龄老人不经过长时间的痛苦并有尊严地死去?"(Alberti 2015)

这一情况无法改变的原因之一在于医生常见的态度。过去,医生们的使命之一是"病床旁的真相",医生当然要以细腻的情感来告知这一消息:"您恐怕不行了。"一部分是害怕不得不传递不那么美好的消息,还有一部分是遵循了寻求最大化治疗的原则,而不是最佳治疗原则,偶尔也有亲人催逼,所以采取一些对患者来说没什么用的措施。

另外一个现实仍然很少得到讨论:允许死亡,这不仅涉及主动干预——显而易见的例子是停止输液和其他医疗援助,我们统一称为"拔掉电源"。根据长久以来毫无争议的自主原则，我们不允许迫使濒死者尽可能地活得长久。经过漫长的生命或长期的痛苦，生的愿望被磨灭，则应毫无保留地尊重死的愿望。无论医生还是护理人员抑或亲属，对于不再想吃喝的人，想躺着而不想坐起来的人，都要顺从他的意志，只要他的意志足够清楚，而不是暂时清楚。

众所周知的例子是挪威冒险家托尔·海尔达尔（Thor Heyerdahl），他患有脑瘤，不再吃喝了，在2002年逝世，享年87岁。我们可以称之为绝食自杀。谁要是不想活了，当然不必非要饮下毒酒，停止吃喝就够了。

这并不需要获得许可（"我可以死了"）；谁都没有劝说想要死的人不去死的权力，更不要说超越其意愿的权力了，我们不得不明确地说：我们没有违背其意愿强迫其继续活着的权力。一个人如果处于无法治愈的疾病的最后阶段，尽管进行了疼痛治疗还苦于难以忍受的痛苦，就可以说：我活过了，和我想的一样好，但现在我想死去了。那么他可以期待，甚至可以要求停止施加给他的一切用于阻止死亡的医疗措施。这里谈到"间接自杀"也并不是错的，但由于词的组成部分中有个"杀"字，这一表述也将该行为推向了一种可能的犯罪。但并没有人对主管犯罪的相关机关——或者说社会——负有责任，没有人一定要继续活着。

每个人都希望得到字面上所说的"安乐死"，却只有少数人能享受到它，这使我们想到叔本华，最后容我们再说一次：那就是过完了漫长充实的一生，躺在沙发上，停止呼吸，像蜡烛熄灭一样安静地死去。

第十章　生活和老年艺术的民主层面

从道德层面看,老年艺术最首要的是不可侵犯的尊严,及由此衍生的与生俱来的权利。无论男女老幼,无论信仰宗教的人还是无神论者,无论贫穷富有,受过教育或未受过教育,这些权利都赋予每个人不可剥夺的自身价值。从自身价值中又得出自主的权利,这又包含着可以用自己的方式寻求成功快乐的生活的权利。在这方面,所有人都是平等的,因此,在政治概念上,老年艺术从其规范性的指导思想上来说是民主的。

一些政治文化仍然漠视人的尊严和权利,尽管这些尊严和权利在《联合国宪章》中和各种人权条约中得到全球承认,但由于这只存在于理论中,所以有时候被抨击为西方法律文化帝国主义。

要驳斥这一抨击,最好追溯到另外一个法律和社会伦理原则,这一原则长久以来,甚至上千年来在所有文化中都是一条被提倡的"黄金法则"。第六章中提及的老年病学的表述,老年伦理的黄金法则,重新获得了民主的特征,因为它给了所有几代人同样的基本权利:"我们做孩子时不想得到的,成年时就不要强加给任何一位老人!"

这一黄金法则不需要任何字斟句酌的哲学论据。作为日常道德中无可争辩的要素,黄金法则特别明确地肯定了一个观点,也就是现代的伟大哲学家卢梭和康德所代表的观点:基于常人的理性,普通人也能正确理解道德原则。这种具有新的民主特征的朴素的观点也得到了相关专业知识的支持。正如四个"L"忠告那样,非正式学术机构也能利用日常经验获得对于生活和老年艺术的本质建议,这些建议又由众多作家以中肯的、语言上有说服力的作品形象地表现出来。

然而，我再提一下，老年艺术中的民主色彩不能掩盖哲学及专业知识的作用。我们不可以将朴素与无用混为一谈，哲学能够澄清概念，使论点突出，并通过对早期认知的记忆扩展今天的问题。哲学也为众所周知的基本原则开辟了新的应用领域，例如，黄金法则及其在老年伦理上的应用。专业科学反过来帮助打破老年人的负面形象，以精确的发现纠正一些轻率的言论，如纠正"老龄化社会"的说法，将其更确切地表述为"赢得的时光"；此外，还可以在实践上加强社会政治使命感。

但朴素依然有价值，这也适用于生命最后阶段的老年艺术。民主色彩在此基于人类死亡的普遍事实，正如生活经验适用于每个人，从根本上考虑，得出所有人"在生命过程中，被死亡包围"。如果普世民主存在的话，那么在全球视角下的许多由于经济或政治原因的早夭，无疑是不具有民主特征的。一些人由于单纯的不幸，例如交通事故，无法预料又毫无准备地死去，其中还有不少缺乏医疗和人力援助的情况，我们也不能称之为民主。幸运的是，这些在富裕的法治和福利国家中并不常发生，在这些国家中人们可以及时掌握变老的艺术，最终掌握死亡艺术，而个人和社会都会对这些艺术负有责任。

在寻求一种更好地处理老年和变老问题的方法的过程中，我们有两个可喜的"新发现"。从人本身来说，由于人类时间的有限性，如果不在年轻时就死亡，那么人人都会变老，都会有晚年。而死亡其实会突然降临到每个人头上：从生物学角度来看，所有人从零出发，死亡时又重新归零。基督教的圣灰星期三传统有这样一句话："请记住：你是从尘土中来，又将回到尘土中去。(Memento homo quia pulvis es et in pulverem reverteris.)"

衰老和死亡这两种现象根据人的气质、生活态度、阶层、教育和其他特征存在显著差异。尽管如此，在富裕的社会中还有另外一种新的民主层面的共性。老年艺术大部分与运动、学习、爱和笑这四个"L"相关，如果在回顾这一切时毫无偏见，我们就会注意到，"富有"并没有出现在其中。"受过教育"也并不起重要作用,因为第二个"L"——学习——并不是以已经受过教育为前提,也不是以我们通常所说的"受教育"为目的。

身体运动显然不仅仅是高成本的运动,如高尔夫球,且也并不总与阿尔卑斯山滑雪或健身房的私人教练相关。社会交往也不一定非要去专属俱乐部,情感放松既不一定需要疗养度假,也不一定需要游轮。昂贵的面霜和整容手术的确让人看起来年轻,当然往往也要人付出表情贫乏麻木的代价。无论如何,年轻的面孔不会让人真的年轻,我们通常会在手部看出端倪:那些看起来年轻的女演员或其他一些名人,如果我们注意他们的手,就会知晓他们的真实年龄。

更重要的是,生命的长度对于老年艺术并不起决定作用。老年艺术归功于向所有人敞开的卫生健康事业,归功于医院、养老院和社会福利网络(当然这些机构有些还需改进),也归功于福利国家的慷慨(尽管还有些合理的批评)。只要整个社会负起责任,几乎每个人都能有尊严地老去。

那些没有偏见,坦然地走过尘世的人,那

些不固守在自己职业世界和自己的社会阶层的人——其实能找到足够多这样的典范——经济状况或许并不那么宽裕,却生活幸福。当然这些经验并不能否定物质资源和良好的教育机会;尤其是不应该有人遭受老年贫困。但我们不能夸大富裕的物质生活和教育,因为老年艺术向每个人开放。

参考文献

（正文引用的哲学名篇和纯文学经典作品不在此处专门列出。）

Alberti, M. 2015: Recht auf würdigen Abschied. Deutschland streitet über die Sterbehilfe und klammert dabei die drängendste Frage aus, in: Süddeutsche Zeitung, 22.8.2015.

Ariès, Ph. 1977: L'Homme devant la mort, Paris; dt. Geschichte des Todes, übers. v. H.-H. Henschen u. U. Pfau, München 2005.

Auer, A. 41996: Geglücktes Altern. Eine theologisch-ethische Ermutigung, Freiburg.

Bacon, F. 1625: The Essays or Counsels Civil and Moral, hrsg. v. B. Vickers, Oxford 1999; dt. Essays oder praktische und moralische Ratschläge, hrsg. v. L. Schücking, übers. v. E. Schücking, Stuttgart 1970.

Baltes, P. 2007: Alter(n) als Balanceakt. Im Schnittpunkt von Fortschritt und Würde, in P. Gruss (Hrsg.): Die Zukunft des Alterns. Die Antwort der Wissenschaft, München, S. 15–34.

Beauvoir, S. de 1970, La vieillesse, Paris; dt. Das Alter: Essay, übers. v. A. Aigner-Dünnwald u. R. Henry, Reinbek 1972.

Becker, S./Kruse, A./Schröder, J./Seidl. U. 2005: Das Heidelberger Instrument zur Erfassung von Lebensqualität bei Demenz (H.I.L.DE.). Dimensionen von Lebensqualität und deren Operationalisierung, in: Zeitschrift für Gerontologie und Geriatrie 38 (2), S. 108–121.

Benn, G. 1954: Altern als Problem für Künstler, Berlin.

Biermann, U. 2009: «Der Alte stirbt doch sowieso». Der alltägliche Skandal im Medizinbetrieb, Freiburg.

Blatter, S. 2004: Zwölf Sekunden Stille, Frankfurt/M.

Bloch, E. 1959: Das Prinzip Hoffnung, 3 Bde. (1938–1947), Frankfurt/M.

Boethius: Trost der Philosophie/Consolatio philosophiae, lat. u. dt., hrsg. u. übers. v. O. Gigon u. E. Gegenschatz, Berlin 2014.

Borasio, G.D. 2011: Über das Sterben. Was wir wissen, was wir tun können, wie wir uns darauf einstellen, München.

Bormann, F.-J./Borasio, G.D. (Hrsg.) 2012: Sterben. Dimensionen eines anthropologischen Grundphänomens, Berlin.

Burri, A./Mijuk, G. 2017: Das Elend in den Altersheimen, in: Neue Zürcher Zeitung, 6.5.2017.

Casals, P. 1971: Licht und Schatten auf einem langen Weg. Erinnerungen aufgezeichnet von Albert E. Kahn, Frankfurt/M.

Cicero: Cato maior de senectute/Cato der Ältere über das Alter, lat. u. dt., übers. u. hrsg. v. H. Merklin, Leipzig 1998.

– Tusculanae disputationes/Gespräche in Tusculum, lat. u. dt., übers. u. hrsg. v. E.-A. Kirfel, Leipzig 2005.

Deutsches Wörterbuch, Bd. 1, hrsg. v. J. Grimm/W. Grimm, Leipzig 1854.

Ebeling, H. 1979: Der Tod in der Moderne, Königstein.

Ehmer, J./Höffe, O. (Hrsg.) 2009: Bilder des Alterns im Wandel. Historische, interkulturelle, theoretische und aktuelle Perspektiven, Stuttgart.

Epikur: Brief an Menoikeus, in M. Hossenfelder (Hrsg.): Antike Glückslehren: Quellen in deutscher Übersetzung, Stuttgart 1996, S. 173–178.

Fuchs, Th./Kruse, A./Schwarzkopf, G. (Hrsg.) 2010: Menschenbild und Menschenwürde am Ende des Lebens, Heidelberg.

Frohmann, Chr. 2015: Tausend Tode Schreiben, Berlin, [eBook: http://1000tode.orbanism.com/e_book/].

Gawande, A. 2014: Being Mortal. Medicine and What Matters in the End, New York.

Generali Deutschland AG (Hrsg.) 2017: Generali Altersstudie 2017. Wie ältere Menschen in Deutschland denken und leben, Berlin.

Ginzburg, N. 1976: Das Alter, in H. Bender (Hrsg.): Das Insel Buch vom Alter, Frankfurt/M., S. 17–21.

Goethe, J. W. v. 1833: Maximen und Reflexionen, Frankfurt/M. 1976.

– 1819: West-oestlicher Divan, Berlin 2006.

– Briefe: Kommentare und Register, Hamburger Ausgabe in 4 Bänden, Bd. 1, hrsg. v. K. R. Mandelkow/B. Morawe, München 1988.

Gracián, B. 2014: Handorakel und Kunst der Weltklugheit, ausgw. v. D. J. V. Lastanosa, übers. v. A. Schopenhauer, hrsg. v. A. Hübscher, Stuttgart.

Graf, F. W. 2015: Theologisches Streitgespräch: Sind wir Christen noch bei Trost?, in: Frankfurter Allgemeine Zeitung, 24.12.2015.

Grimm, J./Grimm, W. 1840: Die Lebenszeit, in H. Rölleke (Hrsg.): Kinder- und Hausmärchen, gesammelt durch die Brüder Grimm, Frankfurt/M. 1985, S. 665–666.

Grimm, J. 1861: Rede über das Alter, in ders.: Reden in der Aka-

demie, ausgewählt u. hrsg. v. W. Neumann/H. Schmidt, Berlin 1984, S. 304–323.
Groß, D./Kreucher, S./Grande, J. 2010: Zwischen biologischer Erkenntnis und kultureller Setzung. Der Prozess des Sterbens und das Bild des Sterbenden, in M. Rosentreter/D. Groß/S. Kaiser (Hrsg.): Sterbeprozesse – Annäherungen an den Tod, Kassel, S. 17–32.
Gruss, P. (Hrsg.) 2007: Die Zukunft des Alterns. Die Antwort der Wissenschaft. Ein Report der Max-Planck-Gesellschaft, München.
Gurney, O. R./Hulin, P. 1964: The Sultantepe Tablets, Bd. 2, London.
Häfner, H./Beyreuther, K./Schlicht, W. (Hrsg.) 2010: Altern gestalten. Medizin –Technik – Umwelt, Berlin.
Hamboch, C. 2011: Nigel Kennedy schmäht David Garrett als ›Klon‹, in: Die Welt, 25.09.2011.
Hegel, G. W. F. 1833–1836: Vorlesungen über die Philosophie der Geschichte, Werke in zwanzig Bänden, Bd. 12, hrsg. v. E. Moldenhauer u. K. M. Michel, Frankfurt/M. 1986.
Heller, A. 2000: Kultur des Sterbens. Bedingungen für das Lebensende gestalten, Freiburg.
Hesse, H. 1990: Mit der Reife wird man immer jünger. Betrachtungen und Gedichte über das Alter, hrsg. v. V. Michels, Frankfurt/M.
Höffe, O. 2002: Gerontologische Ethik. Zwölf Bausteine für eine neue Disziplin, in ders.: Medizin ohne Ethik?, Frankfurt/M., S. 182–201.
- 2007: Lebenskunst und Moral. Oder macht Tugend glücklich?, München.
- 2010: Entscheidend im Alter ist das dreifache L, in: Frankfurter Allgemeine Zeitung, 6.3.2010.
- 2015: Kritik der Freiheit. Das Grundproblem der Moderne, München.
Hügli, A. 1998: Sterben lernen, in: J. Ritter/K. Gründer (Hrsg.): Historisches Wörterbuch der Philosophie, Bd. 10, Darmstadt, S. 129–134.
Jäger, L. 2016: Die Greisenfresser kommen, in: Frankfurter Allgemeine Zeitung, 30.6.2016.
Johannes von Tepl ca. 1400: Der Ackermann und der Tod, ins Neuhochdeutsche übertr. v. H. Franck, Gütersloh 1963.
Kielmansegg, P. Graf/Häfner, H. (Hrsg.) 2012: Alter und Altern: Wirklichkeiten und Deutungen, Berlin.

Kirkwood, T. 2001: The End of Age, London.
Kluge, F./Zagheni, E./Loichinger, E./Vogt, T. 2014: The Advantages of Demographic Change after the Wave. Few and Older, but Healthier, Greener, and More Productive?, in: PlosOne 9 (9), S. 1–11.
Konfuzius: Gespräche (Lun-yu), übers. u. hrsg. v. R. Moritz, Stuttgart 1982.
Kruse, A. 2005: Lebensqualität demenzkranker Menschen, in: Zeitschrift für medizinische Ethik 51 (1), S. 41–57.
Kübler-Ross, E. 1971: Interviews mit Sterbenden, München.
Kufer, Chr. 2016: Liebe Generation Rollator, macht mir mein Europa nicht kaputt, in: Bento, 24.06.2016.
Kühl, K. 2010: Beteiligung an Selbsttötung und verlangte Fremdtötung, in: JURA 32 (2), S. 81–86.
Küng, H. 2014: Glücklich sterben? Gespräche mit Anne Will, München.
Llachs, Lluís 2014: Les dones de la Principal, Barcelona; dt. Die Frauen von La Principal, übers. v. P. Zickmann, Berlin 2016.
Landsberg, P. L. 2010: Die Erfahrung des Todes, Berlin.
Lukrez: Über die Natur der Dinge / De rerum natura, lat. u. dt., übers. v. K. Binder, Darmstaadt 2016.
Macho, Th./Marek, K. 2008: Die neue Sichtbarkeit des Todes, München.
Marx, K. 1844: Ökonomisch-philosophische Manuskripte aus dem Jahre 1844, in: Marx-Engels Werke, Bd. 40, hrsg. v. Rosa-Luxemburg-Stiftung, Berlin 2012, S. 465–588.
Möller, P.-A. (Hrsg.) 2001: Die Kunst des Alterns. Medizinethische Diskurse über den Alterungsprozess in exogener Einflussnahme, Frankfurt/M.
Montaigne, M. de: Œuvres Complètes, hrsg. v. A. Thibaudet u. M. Rat, Paris 1962; dt. Essais, übers. v. H. Stilett, Frankfurt/M. 1998.
Muschg, A. 2017: Der weiße Freitag. Erzählung vom Entgegenkommen, München.
Nassehi, A. 2003: Die Geschwätzigkeit des Todes, in ders.: Geschlossenheit und Offenheit. Studien zur Theorie der modernen Gesellschaft, Frankfurt/M., S. 387–309.
Nationale Akademie der Wissenschaften Leopoldina/acatech – Deutsche Akademie der Technikwissenschaften/Union der deutschen Akademien der Wissenschaften 2015: Medizinische Versorgung im Alter – Welche Evidenz brauchen wir?, Halle.

Nigg, W. 1985: Die Hoffnung des Heiligen. Wie sie starben und uns sterben lehren, Ostfildern.
Nietzsche, F. 1874: Vom Nutzen und Nachtheil der Historie für das Leben, in: Kritische Studienausgabe, Bd. 1, hrsg. v. G. Colli u. M. Montinari, Berlin 1999, S. 243–334.
– 1878: Menschliches, Allzumenschliches I und II, Kritische Studienausgabe, Bd. 2, hrsg. v. G. Colli u. M. Montinari, Berlin 1999.
Rentsch, T./Zimmermann, H.-P./Kruse, A. (Hrsg.) 2013: Altern in unserer Zeit. Späte Lebensphasen zwischen Vitalität und Endlichkeit, Frankfurt/New York.
Renz, M. 2000: Zeugnisse Sterbender. Todesnähe als Wandlung und letzte Reifung, Paderborn.
Rose, M. R. 1991: Evolutionary Biology of Aging, New York/Oxford.
Rosenmayer, L. 1978: Die menschlichen Lebensalter, München.
Rosenstock, P. 2009: Was heisst Freiheit? Fragen an die organisierte Suizidhilfe, Wädenswil.
Rürup, B./Albrecht, M./Igel, Chr./Häussler, B. 2008: Umstellung auf eine monistische Finanzierung von Krankenhäusern, Berlin.
Schopenhauer, A. 1851: Aphorismen zur Lebensweisheit, in: Sämtliche Werke, Bd. 4, Parerga und Paralipomena 1, hrsg. v. W. Frhr. v. Löheysen, Frankfurt/M. 1985, S. 373–592.
Schroth, U. 2011: Der Wunsch zu sterben bei beginnender Demenz – rechtliche, rechtspolitische und ethische Fragen. Ein Beitrag zu einem Paternalismusproblem, in S. Sellmaier/E. Mayr (Hrsg.): Normativität, Geltung und Verpflichtung, Stuttgart, S. 237–254.
Sill, B. (Hrsg.) 2016: Alter(n), St. Ottilien.
Smith, Z. 2017: Meine Zeit als junge Frau ist vorbei, in: Frankfurter Allgemeine Zeitung, 11.2.2017.
Staudinger, U./Häfner, H. (Hrsg.) 2008: Was ist Alter(n)? Neue Antworten auf eine scheinbar einfache Frage, Berlin.
– zus. m. Heidemeier, H. (Hrsg.) 2009: Altern, Bildung und lebenslanges Lernen, Stuttgart.
Stock, G./Lessl, M./Baltes, P. (Hrsg.) 2005: The Future of Aging. Individual and Societal Implications, Berlin.
Swift, J. 1699: Resolutions, in ders.: The Works of Rev. Jonathan Swift, hrsg. v. J. Nichols, London 1801, 326–327; dt. Entschließungen für mein Alter, in ders.: Satiren, übers. v. F. P. Greve/W. Freisburger/K. Reichert, Frankfurt/M. 1965, S. 165–166.

Synofzik, M./Marckmann, G. 2007: Perkutane Endoskopische Gastrostomie. Ernährung bis zuletzt?, in: Deutsches Ärzteblatt 104 (49), S. 3390–3394.
Tsiolkas, Chr. 2012: Nur eine Ohrfeige, Stuttgart.
Tugendhat, E. 2003: Egozentrizität und Mystik. Eine anthropologische Studie, München.
Vollbracht, M. (Hrsg.) 2015: Ein Heim, Kein Zuhause? Das Medienbild von Altenpflege im Kontext von Altersbildern und Berufsprestige, Hanoi.
Wagner-Hasel, B. 2012: Alter in der Antike. Eine Kulturgeschichte, Köln.
Wehrli, H./Sutter, B./Kaufmann, P. ²2015: Der Organisierte Tod: Sterbehilfe und Selbstbestimmung am Lebensende. Pro und Contra, Zürich.
Wick, G. 2008: Perspektiven der Alternsforschung – Vom programmierten Zelltod zur Pensionsreform, Wien.
Wunder, M. 2008: Demenz und Selbstbestimmung, in: Ethik in der Medizin 20 (1), S. 17–25.

人物索引

（此部分页码为德文版页码，即本书页边码。）

Abu Yaqub Yusuf 24
Alberti, Manfred 169
Andreae, Johann Valentin 45
Apel, Karl-Otto 59
Ariès, Philippe 154
Ariston von Keos 75
Aristoteles 16, 20, 23, 25, 27, 39, 40, 42, 43, 44, 45, 47
Auer, Alfons 110
Averroës 24
Avicenna 24

Bacon, Francis 16, 43, 44, 45, 54, 79, 97, 144
Baltes, Paul 42, 43, 52
Beauvoir, Simone de 88–89
Becker, Stefanie 131
Bekmezian, Hélène 69
Belucci, Monica 60
Ben Jelloun, Tahar 154
Benn, Gottfried 55–56, 94
Beyreuther, Konrad 66
Biermann, Ursula 123
Binoche, Juliette 60
Blatter, Silvio 113
Bloch, Ernst 16, 87–89, 111
Boëthius 136–139
Borasio, Gian Domenico 141
Bormann, Franz-Joseph 141
Buddha 75
Burri, Anja 75

Casals, Pablo 46, 113
Cherubini, Luigi 56
Cicero 16, 75–78, 83, 85, 88, 89, 97, 136, 142
Cooper, Lord Anthony Ashley 24
Cranach, Lucas 97

Dante 72
Darwin, Charles 23
Defoe, Daniel 24
Degas, Edgar 55
Denner, Balthasar 38, 112
Descartes, René 62, 143
Diogenes Laertius 54
Don Juan 121
Dürer, Albrecht 38
Dylan, Bob 63

Ebeling, Hans 154
Ehmer, Josef 31, 46
Epiktet 54
Epikur 41, 54, 83, 87, 136, 142, 143

Ferry, Luc 69
Fontane, Theodor 35
Frohmann, Christiane 141
Fuchs, Thomas 157

Gadamer, Hans-Georg 59
Galen 42
Gardams, Jane 63
Gawande, Atul 141
Geiger, Arno 130
Ginzburg, Natalia 45

Goethe, Johann Wolfgang von 55, 79, 80, 89, 94, 95–96, 111, 122
Gogol, Nikolai Wassiljewitsch 18
Gorgias 54
Goya, Francisco de 55, 98
Gracián, Balthasar 79
Graf, Friedrich Wilhelm 163
Grande, Jasmin 158
Grimm, Jacob 85, 86, 87, 88, 89, 118
Grimm, Wilhelm 85
Groß, Dominik 158
Gruss, Peter 52
Gurney, Oliver R. 39

Häfner, Heinz 46, 52, 66
Händel, Georg Friedrich 56
Harrison, Robert Pogue 60
Hauptmann, Gerhart 55
Haydn, Joseph 56
Hegel, Georg Wilhelm Friedrich 67, 80, 83
Heidegger, Martin 121, 163
Heller, Andreas 154
Henrich, Dieter 59
Hesiod 37
Hesse, Hermann 94
Heyerdahl, Thor 170
Hippokrates 23, 25, 27, 42, 43, 116, 132, 158
Hobbes, Thomas 54
Höffe, Otfried 31, 46, 96, 143, 162, 166
Homer 36
Hufeland, Christoph Wilhelm 122
Hügli, Anton 135
Hugo, Victor 55
Hulin, Peter 39

Johannes von Tepl 136
Jäger, Lorenz 69

Kaléko, Mascha 149
Kant, Immanuel 20, 54–55, 108, 166
Kaufmann, Peter 162
Kelsos 42
Kennedy, Nigel 46
Kephalos 75
Kielmansegg, Peter Graf 46
Kierkegaard, Søren 121
Kirkwood, Tom 59–60
Kleist, Heinrich von 56
Kluge, Fanny 61
Konfuzius 48–49, 75, 101
Krings, Hermann 59
Kruse, Andreas 93, 130, 131, 157
Kübler-Ross, Elisabeth 141
Kufer, Christina 69
Kühl, Kristian 167
Küng, Hans 140

Landsberg, Paul Ludwig 154
Lessl, Monika 52
Liebermann, Max 55
Llachs, Lluís 146
Locke, John 24
Lübbe, Hermann 59
Lukrez 136

Macho, Thomas 153
Mann, Thomas 141, 153
Mark Aurel 42
Marckmann, Georg 108
Marsilius v. Padua 24
Marx, Karl 67
Menzel, Adolph von 55
Menzius 49, 75
Methusalem 75, 98
Michelangelo 38, 55

Mijuk, Gordana 73
Mill, John Stuart 20
Mimnermos 37
Molière 36
Möller, Peter-Alexander 93
Monet, Claude 55
Montaigne, Michel de 53, 56, 142–143
Moore, Julianne 60
Munch, Eduard 55
Muschg, Adolf 156

Nassehi, Armin 153
Nestroy, Johann 108
Nietzsche, Friedrich 20, 78, 130
Nigg, Walter 141
Noll, Peter 154

Paracelsus 24, 26
Platon 16, 37, 54, 75, 136, 142
Plautus 36
Pyrrhon 54
Pythagoras 39, 54

Ransmayr, Christoph 148
Rembrandt 38
Rentsch, Thomas 93
Renz, Monika 141
Rilke, Rainer Maria 137, 156
Rose, Michael R. 102
Rosenmayr, Leopold 154
Rosenstock, Peter 162
Roth, Eugen 51
Rousseau, Jean-Jacques 174
Rürup, Bert 125
Russell, Bertrand 59

Schiller, Friedrich 56
Schlicht, Wolfgang 66
Schmidt, Katrin 154
Schopenhauer, Arthur 16, 79, 80, 84, 85, 87, 89, 144, 170

Schröder, Johannes 131
Schröder, Rudolf Alexander 45
Schroth, Ulrich 132
Schütz, Heinrich 56
Schwarzkopf, Grit 157
Seidl, Ulrich 131
Seneca 43
Shakespeare, William 45, 79
Shaw, George Bernard 55
Sill, Bernhard 52
Smith, Zadie 38, 113
Sokrates 23, 75, 121, 141, 146
Solon 37, 39
Sophokles 36, 54
Spinoza, Baruch de 143
Staudinger, Ursula 52, 71
Stock, G. 52
Streep, Meryl 60
Sutter, Bernhard 162
Swift, Jonathan 45, 77, 109
Synofzik, Matthis 108

Tintoretto 38
Tizian 38, 55
Tolstoi, Lew 55
Tschaikowski, Piotr Iljitsch 62
Tschechow, Anton 39
Tsiolkas, Christos 110, 112
Tugendhat, Ernst 143

Verdi, Giuseppe 56
Vollbracht, Matthias 73
Voltaire 55

Walser, Martin 111
Wanger-Hasel, Beate 39
Wehrli, Hans 162
Wick, Georg 96
Wunder, Michael 132

Zimmermann, Harm-Peer 93

图书在版编目（CIP）数据

优雅变老的艺术：美好生活的小哲学 /（德）奥特弗里德·赫费著；靳慧明译. -- 北京：社会科学文献出版社，2021.2（2024.6重印）
书名原文：Die hohe Kunst des Alterns: Kleine Philosophie des guten Lebens
ISBN 978-7-5201-7949-2

Ⅰ.①优… Ⅱ.①奥… ②靳… Ⅲ.①老年学-人生哲学-研究 Ⅳ.①C913.6②B821

中国版本图书馆CIP数据核字（2021）第030666号

优雅变老的艺术：美好生活的小哲学

著　　者 /	［德］奥特弗里德·赫费（Otfried Höffe）
译　　者 /	靳慧明
出 版 人 /	冀祥德
组稿编辑 /	段其刚
责任编辑 /	周方茹
文稿编辑 /	陈嘉瑜
责任印制 /	王京美
出　　版 /	社会科学文献出版社·教育分社（010）59367151 地址：北京市北三环中路甲29号院华龙大厦　邮编：100029 网址：www.ssap.com.cn
发　　行 /	社会科学文献出版社（010）59367028
印　　装 /	北京盛通印刷股份有限公司
规　　格 /	开　本：889mm×1194mm 1/32 印　张：6.5　字　数：91千字
版　　次 /	2021年2月第1版　2024年6月第3次印刷
书　　号 /	ISBN 978-7-5201-7949-2
著作权合同 登 记 号 /	图字01-2019-3625号
定　　价 /	49.00元

读者服务电话：4008918866

版权所有 翻印必究